我们怎样学习

WOMEN ZENYANG XUEXI

王振中◎著

暨南大学出版社
JINAN UNIVERSITY PRESS

中国·广州

图书在版编目（CIP）数据

我们怎样学习/王振中著．—广州：暨南大学出版社，2012.12（2015.1 重印）

ISBN 978-7-5668-0424-2

Ⅰ.①我…　Ⅱ.①王…　Ⅲ.①学习方法　Ⅳ.①G442

中国版本图书馆 CIP 数据核字（2012）第 284026 号

出版发行：暨南大学出版社

地　址：中国广州暨南大学
电　话：总编室（8620）85221601
　　　　营销部（8620）85225284　85228291　85228292（邮购）
传　真：（8620）85221583（办公室）　85223774（营销部）
邮　编：510630
网　址：http：//www.jnupress.com　http：//press.jnu.edu.cn

排　版：广州市天河星辰文化发展部照排中心
印　刷：广东省农垦总局印刷厂

开　本：889mm×1194mm　1/32
印　张：6.25
字　数：175 千
版　次：2012 年 12 月第 1 版
印　次：2015 年 1 月第 3 次

定　价：18.00 元

前　言

学习是人生中最重要的事情，尤其是知识突飞猛进的21世纪，能不能学习，学习的效果好不好，不仅可以决定一个人在考场和职场上的位置，甚至还是影响生存的重大问题。联合国教科文组织21世纪教育委员会1995年年度报告就明确指出“未来唯一持久的优势，是有能力比你的竞争对手学习得更快”。

如何学习，如何取得更好的学习效果，是一个人职场竞争的根本条件，是成功的必要条件。

每个人都需要学习，学习是穷其一生的事，在学生时代，学习更是生活中最重要的价值内容。从孩提开始，我们在幼儿园、小学、中学、大学里接受教育，学习各种知识和技术。应该说，在这样的过程中，每个人都是积极的，都希望能搞好学习，在科目的考试中取得好成绩，能一级级地进入好的中学，考上好的大学，然后在职场中觅得一份好工作，一步步地实现人生的目标，取得成功。

然而，每个人在学习中获得的结果差异很大，童年时代基础相似一起成长的孩子，在每一个阶段，都被一次次地拉开距离，而最终形成了巨大的差距。

不可否认，在学校学习过程中，每个人付出的努力有所差异。但同时也不可否认有不少人从小就花很多时间在学习上，但最终却没有取得与之相应的成绩。相反，有些人在学习上花的时间并没有那么多，但学习的回报却很慷慨。

这样的差异，源于什么原因呢？有人说，这是因为智力的差异，有的人聪明，有的人愚钝。有人说，这是源于性格，有的人勤奋，有的人懒惰。不错，这些都是可能的原因，但是，这样的表达过于笼统，并且对指导如何进行改进的可操作性太低。

因此，我们还要在这样的回答之后更进一步深究，寻找影响学习的更具体原因。只有在了解了影响学习的各种具体原因之后，进一步的改进和提高才有可能。

为什么有的人聪明有的人愚钝？聪明是天生的吗？智力可能有天生的遗传的成分，但更多的因素取决于后天。至于性格，那显然就是后天的问题了。

出生的时候，每个人都是一张白纸，除体重、身高之类的身体特征之外，很难说哪一个婴儿有什么特别之处。鲁迅先生说：“即使天才，在生下来的时候的第一声啼哭，也和平常的儿童一样，决不会就是一首好诗。”

然而，就是这样的一张张白纸，却随着成长过程，随着每个人在学习上表现能力的不同，而逐渐被绘上不同的色彩。有的人成为智力过人的科学家，有的人成为政客，成为工程技术人员，成为医生，成为教师，成为不同阶层的劳动人民，但也有人可能终生平庸，一生都无法承担其应该承担的家庭和社会责任，甚至终老也无法自食其力，无法成为一个能独立生存的人。

造成这些结果的原因，就在于不同的人在学习方面所表现的能力的差异，或者准确地说，是由于不同的个人在其成长过程中学习能力开发程度的不同而产生的差异。

其实，每个人都具有巨大的学习潜质，只要发展得当，就可以成为学习的能手，成为职场的能手。行为主义心理学家华生说：“给我一打健康的婴儿，我可以把他们塑造成任何一个领域的专家。”这就是说，每一个人都具有成为任何一个领域的专家的潜质，只要培养得当，这些潜质就可以发挥出来。

大脑研究表明，人脑具有巨大的未开发潜力。脑科专家黛尔蒙德教授说：“人脑可以在从出生到生命终了的任何年龄发生改变。在富有激励因素的环境，人脑会变得更好；如果接收不到刺激，人脑就会向相反方向发展。”

只是，大多数人在一生的学习中，只知道盲目地学习，却不了解学习，不知道学习是如何进行的，更不知道如何去提高自己的学习能力，而致使个人的学习潜质一生都在蛰伏而没有得到应有的发挥，甚至原本具有的学习能力也因为没有加以注意而逐渐衰退。

就学校的教育来说，我们的教育也只是一味地进行知识的灌输，让学生成为背诵知识的机器，而不是一个有个人特质的学习者。多数教师只注意学生的考试分数，不注意甚至不知道如何开发学生学习素质，这就注定了他们无法进行学生学习素质的教育和培养。

笔者是一名大学教师，自幼热爱学习，对如何搞好学习具有很深的体会。近二十多年来，更因为从事教育行政、培养研究生和指导孩子的学习，对学习有着长期的思考和研究，对学习过程和如何搞好学习有比较全面深入的了解，并在职业和家庭教育中付以实践，取得了理想的效果。

作为一名学习者和学习指导者，笔者深深地知道，要搞好学习，必须先了解学习。但是，我们大多数人终身都在蒙昧中学习，不了解学习的过程，不了解控制学习的因素，因而在各自的学习中，无法对有关学习的智力和心理因素加以着意的发展和提高，以致许多有关学习的潜在能力因素没有得到应有的发展，有利于学习的性格因素无法形成。

因此，我们必须了解学习，知道我们是怎样学习的。在这个前提之下，着意发展有利于学习的潜力因素，克制不利于学习的因素，以让自己成为一个善于学习的人。

一个人在学习上所表现的能力（学习能力），是一个结构复杂的组成系统，大抵可以分解为三个相互独立而又相互作用的亚级组合，包括学习的基本能力（智力）、学习的调控因素以及学习方法的科学性。这三个方面的因素共同作用，组成一个人的学习能力。

就学习的硬件智力来说，其自身也是一个很复杂的组成系统。参与学习过程的智力因素大抵包括一个人的观察力、记忆力、思维力、想象力和注意力等五个方面，而这五个方面的因素，每一个又具有其自身的组成结构，只有在了解这些结构的情况下，才有可能通过一定的过程提高我们的智力水平，从而提高我们的学习能力。

一般而言，当一位教师评价一个学生“智力较差”之后，这位学生的学习前途基本也就那么大了，因为在一般的概念里，智力是天生的，无法提高。但是，从我们前面提到的脑科学的研究和行为主义心理学的研究来说，大脑具有巨大的潜能，只是没有得到应有的发展罢了。在网络上，经常看到一些教师或家长的文字，描写孩子在学习上的挫折，然后进行苦口婆心的教育，要努力“面对”挫折，争取进步！孩子也努力“面对”，没有放弃，但是，现实却一次次地挫败了这样的“面对”，很多孩子在反反复复的挫折和“面对”的循环中，慢慢丧失信心。

我们都知道，对于学习上的挫折，需要努力面对，不能放弃，更不能自暴自弃，所有的孩子也都希望能“面对”学习上的挫折，在下一步的学习中不辜负老师和家长的期望，取得好的成绩。但是，对于学习上的挫折，我们要如何去“面对”呢？在这方面却少有老师、少有家长能给孩子指出一条“面对”的道路和有效的方法。

不只是学习不好的孩子需要“面对”挫折去有效地改进学习，学习优秀的孩子也需要“面对”已有的学习成绩去让自己更优秀，他们也希望有来自学校和家庭的指导。

只是，作为教师，作为家长，我们有能力教育孩子去如何“面对”吗？

因此，作为教师，作为家长，我们要指导学生和孩子去面对挫折，就要先了解学习，知道我们是如何学习的，然后，在学生和孩子出现挫折或失败的情况下，分析他们在学习上的具体症结所在，去有效地指导他们正确“面对”。对于他们中本就“优秀”的个体，也要分析其优秀的因素和尚欠优秀的因素，以便变得更加优秀。

对于学习者本身而言，在理性的指导下，要有效地提高自身的学习能力，提高学习的效果，也需要从了解学习开始，在学习过程中发展自己的优秀因素和发掘尚欠优秀的因素，让自己一步步走向学习的自由。

本书综合了笔者一生学习的体会和大学执教二十余年的心得总结，以及近十多年来指导孩子逐步提高学习能力的体会，并结合了国内外心理学研究和学习理论发展的相关成果。经过系统化组合，写成本书，与读者分享。

希望读者能通过本书了解学习，了解学习的能力和学习的调控等方方面面的因素，从而提高自己的学习能力和学习效果，愿本书陪同你向上成功!

目　录

第二编　学习的调控

第三编　理性地学习

第四编　自我了解、自我发展

第一编　学习的基本能力

第一章　智力是学习的基本能力

一、智力是学习的基本能力

一个人所进行的学习活动，由其自身的智力因素来执行，因此，个人智力因素的高低，决定了一个人学习基本能力的高低。

通常，教师、家长、同学会评论某同学很聪明、学习能力很强，某同学比较迟钝、学习能力差。这是对个别人智力的总体感觉而言的，是泛泛的整体评价。

但是，我们常常没有进一步寻究，看看某同学的聪明表现在哪里，某同学学习能力不好又表现在哪些方面。因而聪明和不聪明就只做了一个表面的评述，而缺少有意义的分析和发现。实际上，如果我们把这样的寻究一步步深入下去，就可能会发现，某同学的聪明可能是记忆力很强，某同学学习能力差可能是由于记忆力差或者思维力差所导致的。这样的分析，就让我们找到了学习好或不好的具体表现，然后，根据这样的具体表现采取必要的方法来改善这些不足的因素，从而提高学习的能力，展开更有效的学习。

这样的分析才是有意义的分析，只是，我们很少这样分析，或者不知道应该如何进行分析。

我们知道，要提高学习效果，提高学习能力是一劳永逸的，也是最有效的方法。我们也很希望自己或者自己的孩子和学生具有更好的学习能力，只是我们不知道应该如何指导他们提高学习的能力，甚至对于大多数人来说，也许还没关于学习能力的具体概念。

那么，一个人的学习能力包括哪些方面呢？或者说，要分析一个人的学习能力要从哪些方面入手呢？我们应该注意的第一个重要方面，就是一个人的智力，这是学习能力的基础组成，是一个人学习的基本能力，有关学习的其他因素，如性格、方法和观念等都是在这个基本能力的基础上发挥作用的。

智力因素是人的心理素质组成的基础因素。参与学习的主要智力因素包括观察力、记忆力、思维力、理解力和注意力，这五种因素的有机组合构成了我们以思维力为核心的智力体系。智力体系是我们在事物认识方面所表现出来的心理性，是认识活动即学习活动的执行系统，是学习的基础能力。智力的高低影响学习能力的高低。

一个人智力的高低可以通过智力测验（智商，IQ）来评价。智力测验是为了科学地测定人的智力水平而按照标准化程序编制的一种测量工具，已有一百多年的发展历史，主要用于测量被测者的以思维能力为主的多种认识能力的高低。一般来说，测定的智商值越高，就表示被测者的智力越高。

智力与学习具有密切的关系，智力影响着学习者掌握知识与技能的速度和深度，影响着学习者学习和掌握知识的灵活性，决定一个人的可教育程度。从学习的角度来看，智力是决定一个人能不能学习的基础条件，一切有关学习的具体心理活动，都是由智力来执行的。

要充分地了解学习能力，就需要从了解智力因素及其影响因素开始。这是学习活动的基础，也是我们改善学习、提高学习效果的起点。

二、影响智力的因素

每个人的智力都存在着一定的差异，这些差异来自何方？什么因素影响一个人学习的基础能力？有人认为人与人之间智力的差异源于遗传，有人说后天环境和教育的差异造成了人与人之间的智力高低。这两个方面的说法都有其凭据，都可以在现实生活中找到佐证。

智力能够遗传，这是很多研究得出的结论。从生物学的角度来说，如果智力是一种性状，这种性状就有可能来源于遗传因素。许多单卵双胞胎个体之间的智商常常比较接近，就是智力来源于遗传的一个证据。科学家曾经做过父母的智力对孩子智力的影响的调查，研究发现，从整体上来说，父母智商高的，孩子的智力也好，父母智商低的，孩子的智力也差。

研究认为，人的智力与脑皮层结构和脑细胞的数量有关，而这些生物学上的特征，应该与遗传有关。生物发育，从整体上是受遗传物质 DNA 所控制的，DNA 对发育的控制，除了影响性状特征的表现之外，也对生长发育如分化过程产生信息控制和调节，这些控制和调节自然也会反映到大脑的发育方面来，从而导致大脑发育的差异。

有人把德国的巴赫家族作为智力遗传的例子。巴赫家族在 17 世纪到 19 世纪的两百多年里，先后出现了五十多位音乐家。同样的家族智力的例子还很多，例如莫扎特和韦伯家族中几代人都有著名的音乐家。我国南北朝时著名的科学家祖冲之的儿子祖恒之、孙子祖皓都是机械发明家，又都是著名的天文学家和数学家。在我们的身边，可能还有着许多诸如书香门第、中医世家等等的家庭，他们的门第中，多个世代的人都具有比较优秀的智力特性。智力的这种家族性特征，被认为是遗传决定智力的证据。

但是，遗传并非一成不变，特别是在智力遗传方面。普遍认为，与父母相比，子女的智力有趋于人群平均值的趋势，即高智商的父母，其孩子智力高于一般人群，但比父母的智商要低些，而低智商父母，其孩子的智力要高于父母，但比一般人群低些。当然，这也只是一般的推论而已，否则，经过几百万年的遗传历史，人类现在的智力就应该趋同了。

相反的情况也屡见不鲜。在一些偏僻的农村，一些智力极其平常的农民，却有着聪明过人的孩子，而有一些教授夫妇，虽然他们都表现出过人的智力，但他们的孩子却智力平平，没有表现出任何过人之处，甚至有的高校家庭还有弱智的子女。

因此，智力虽然与遗传有关，但这样的相关只是整体上的相关趋势，而不能以个别为论。任何一个具体的个体，都有可能是这个普遍规律的特殊情况。

智力的发展还会受到后天环境因素的影响，其重要性甚至高于遗传因素，这也是经过很多科学观察和实验得出的结论。

一个特别具有说服力的例子来自印度的两个狼孩。

1920 年 9 月，在印度加尔各答西面的森林里，有人发现了两个由狼哺育的女孩，一个大约八岁左右，一个大约只有一岁半，估计她们是出生后半年左右被狼衔去养的。两个“狼孩”回到人类世界之后，被安置在孤儿院里养育，取名为卡玛拉与阿玛拉。

初回人类世界的时候，她们都不会说话，发音独特，发出的不是人类的声音。她们不会用手做事，也不会直立行走，只能手脚并用或手膝并用地爬行。

为了让两个狼孩能尽快转变为正常人，人们做了很多努力，但最终这些努力都没能成功。回到人类世界后的第二个月，年龄小的阿玛拉可以发出“波、波”的音，诉说饥饿和口渴，但第十一个月她就死了。大女孩卡玛拉在回到人类世界两年之后，才学会发两个词的音，“波”和“妈”，四年后会发六个词的音，第七年会发四十五个词的音。回到人类社会五年之后，她十四岁时，才学会了用双脚走路。阿玛拉一直活到十七岁，但直到死，她还没有真正学会说话。

有人做过研究，认为在大脑发育方面，这两个狼孩与其同龄人没有多大的差异。她们在说话和走路方面所表现的学习能力低下，应该与大脑的发育无关，而只是因为他们长期脱离人类社会，大脑的功能得不到开发，智力发育不良所致。

这个故事说明，人的智力在很大程度上受到后天的环境因素的影响，这些影响因素包括营养条件、教育、主观努力和社会环境等等。后天的教育是人的智力发育的重要条件，如果缺少这一条，即使遗传条件很好，但如果像这两个孩子一样，一出生就落入狼穴，也只能长成一个智力低下的“狼孩”。

实际上，在人的智力发展过程中，生长的环境条件的影响具有相当重要的作用，前面所提到的巴赫家族、莫扎特家族和韦伯家族等出现的音乐世家的情况，可以从另一个方面进行解释，这些家族的孩子出生之后就饱受音乐的熏陶，长期的潜移默化使得他们熟悉和喜爱音乐，自然就成了音乐世家的传人。或者，这些世家对音乐教育有特别的体会，能够有效地发掘儿童音乐学习的潜能，让他们的潜能得到长足的发挥。对于祖冲之三代人优秀的逻辑思维能力，也可以认为是自幼在严谨的思维的影响和教育下发展形成的。至于我们身边能够列举的那些世家门第的例子，也大抵都可以看到父母对子女潜移默化的影响。

就作者个人的体会来看，智力因素是可以在教育中得到发展的，只要加以注意，好好地开发，智力因素就能发展。现在的学校教育并没有很好地开发学生的智力因素，大部分人的智力都处在不完全发展的状态，开发和发展的空间很大，只要加以着意，就可以让一些智力潜能发挥出来，让自己的智力更高，获得更强的学习能力。

笔者接触过许多研究生，在入学时，多数研究生有比较好的记忆力，回答问题和讨论问题时，主要以书本知识的记忆为主，对材料进行分析时也只能做到“有一说一”的水平，能做到“举一反三”和“触类旁通”的不多，以思维力为标志的智力并不算好。但经过几年的培养之后，特别是在论文研究工作中的解决问题式的思维锻炼之后，思维力得到了很好的提高。在学位论文研究开始时，他们基本上是遇到问题便束手无策，不懂得如何去思考去分析，并找出问题的根源。但经过引导后，学会了解决问题的思考方法，比如假设排除法和理想实验法等，形成了思考习惯，思维力得到了较好的发展，到学位论文写作和答辩的时候，这些研究生的学习能力已经得到很大提高。

如果从性状遗传的角度来看，即使智力与遗传有关，那么这种相关也是受后天发展所影响的。在生物学上，我们通常会看到，即使是相同质量的两颗种子，其各种性状的发展及其发展的最终程度，也是差异很大的。以种豆子为例，同时播种的质量相同的一批种子，在肥沃的地方的豆子长得好，枝繁叶茂，但在贫瘠的地方，豆子长得不好，有的甚至长不起来，这就是受到环境条件影响所导致的结果。相同的遗传质量，在肥沃的地方，性状得到了全面的发展，在贫瘠的地方，性状无法全面发展，生长的潜力得不到应有的开发和发展，生长受到了限制。我们知道，其实那些在贫瘠之处而长得不好的豆子，也是具有长得枝繁叶茂的潜力的，只是这样的潜力得不到发挥罢了。

人的学习能力即智力也是如此，人的智力遗传潜质，需要在后天合适的教育和学习中才能得到正确的培养和开发。教育和开发得当，人的智力发展才能达到其遗传中所具有的程度，甚至还可以产生超越的效果。相反，如果教育和开发不当，其最后的发展肯定是不完全的。

实际上，人的大脑结构和大小容量，所有的人都相差不大，我们在学习能力方面表现的不同，环境的影响非常重要。这样的影响，首先来自婴幼儿时期的家庭影响，然后是学校的教育因素。

因此，我们需要确立一个观点，就是人的智力是需要进行有效的开发的，如果不进行合适的教育和开发，即使是优秀的遗传，也有成为智力低下的狼孩的可能，而另一方面，合适的智力开发，可以让大多数人成为天才。

三、智力系统的组成元素

人的智力组成是一个复杂的系统构造，从学习过程来说，学习的智力因素主要包括人的观察力、记忆力、思维力、想象力和注意力。这几个智力因素参与学习过程的各个环节，组成个人学习的基本能力。

由于先天遗传的不同，后天发展条件的差异，人与人之间的智力水平存在着一定的差异，这样的差异来源于一个人的观察力、记忆力、思维力、想象力和注意力这五个智力因素水平的差异。

就具体的一个人来说，其决定智力水平的五个智力因素之间的发展也是不平衡的。有的人可能记忆力好，而思维力差，有的人可能观察力比较好，而想象力比较差。对于任何人来说，智力因素中的五个因子有机组合的结果，才构成其智力的整体水平。

不同个人之间的智力差异，其实就是智力体系中五个智力因素的差异。同时，即使是两个智力相当的人，例如两个智力程度相同的学生，他们之间的各个智力因素也会不同，如A学生的记忆力更好，或B学生的注意力更好些，等等。

每一个智力因素其本身也具有一些不同性质的特性，或者叫做品质属性，这些品质属性综合起来影响该智力因素的表现。以人们熟悉的记忆力为例，衡量记忆力品质的因素包括个人在记忆方面表现出来的敏捷性、正确性、持久性和备用性等，这些属性都是有关于记忆力的不同方面的描述。记忆的敏捷性反映的是记忆的速度，有的人记得快，有的人记得慢；记忆的正确性则是记忆的东西是否正确，是否清楚，记忆的持久性是指记忆的信号是否能长期贮存，有的人遗忘性很高，记过的东西很快就忘记，这是他的记忆力在记忆的持久性方面的不足；记忆的备用性是指记忆的知识能不能很顺利地回忆起来。一个人在记忆方面所表现的品质属性的水平，综合起来就是这个人的记忆力水平。

因此，我们衡量一个人的智力水平的时候，仅仅做一个好或不好的评价是不全面的，是粗糙的，对于研究和分析没有实质性的意义。要准确地衡量一个人的智力状况，需要对智力系统内的五个智力因素的各个品质属性进行全面的分析，以便判断哪些品质属性较好，哪些不太好，这样，才能从智力的根本组成方面对智力的差异进行有效的了解和分析。

要提高我们自己的学习能力，以提高自己的学习效果，也需要有针对性地提高自己智力的相关因素，或者打破限制性因素，实质性地提高我们的智力水平，从而提高我们的学习能力和学习效果。

四、提高智力水平是提高学习效果的有效途径

要提高我们的学习效果，首先就要提高我们的学习能力，学习能力提高了，学习成绩和学习效果才有可能得到最大限度的提高。如果不注意学习能力的提高，即使你利用更多的时间去学习，也不会收到理想的学习效果。

没有注意学习能力的提高，而只是埋头呆板地看书学习，是很多学习者无法收到理想学习效果的主要原因所在，也是目前学校教育的弊端所在。笔者认为，这也是当前人们常说的所谓“高分低能”现象的一个重要原因所在。

要更好地提高学习效果，首先就要提高我们学习的基础能力，即智力，提高智力水平是提高学习效果的先决条件。

从前述中我们知道，智力的发展会受到后天因素的影响，因此，智力是可以通过后天的锻炼而得到提高的。无论先天的遗传因素如何，只要通过努力和科学的锻炼，一个人的智力水平都可以在先天的基础上得到提高。很多弱智儿童可以通过训练来学习，并且得到一定的学习能力，能够完成一些比较简单的记忆和思维，这就是通过锻炼来提高智力。

前面说过，不同的人的智力水平的差异，在于其各智力因素如记忆力、观察力和思维力等的差异，而每一个智力因素，其本身还具有很多不同的品质特性，这些品质特性综合组成该智力因素的水平，而所有的智力因素的有机组合，才构成一个人的智力整体。因此，在学习过程中，要提高自己的智力水平，就要针对自身的智力特点，有针对性地进行锻炼，以便更有效地提高自己

的智力。

作为一个理性的学习者，我们不应该也没有必要每分钟都泡在书本里，这样做的意义不大，应该注重自己的学习效率，而提高学习效率的有效方法，同时也是提高自己生存能力的方法，就是注意提高自己的智力水平。智力水平的提高，比任何一门课程考试成绩的提高，或某一学科知识的掌握都要重要得多。

但是，在我们的小学、中学甚至大学的学习过程中，对于智力，我们一直都没有进行过着意的定向锻炼和潜能开发。一直以来，我们的学习都习惯于概念和理论的解释和硬记，这样做虽然对记忆力有过一些锻炼，但这种锻炼是不全面的。我接触过一些大学生，对于如何科学记忆仍一无所知，甚至还不懂得建立有效的重复学习方法，对于记忆过程和记忆信号等相关知识一无所知，这是一贯以来学校对智力教育忽视所导致的。

对绝大多数学生来说，从小习惯于学校和教师的灌输式教育的被动学习，对学习能力也缺少必要的自我意识和要求。

学生的智力，在应该开发的时候没有得到相应的指导和开发，这是造成我们所谓“高分低能”的一个主要原因。

就多数人而言，由于在学习过程中只重视知识的获得，没有对自己的学习能力方面有过正确的分析，教师也基本上没有考虑学生的学习能力的进步问题，或者仅仅只在技巧方面做一些指导。很多人的智力实际上没有得到真正着意的开发，许多人的智力潜质还处在未全面开发甚至是完全不开发的状态，更有甚者一生都没有得到应有的开发而终生休眠着。这无论是对于其个人自身，还是对于一个民族而言，都是巨大的损失。

如何提高一个人的智力水平呢？前面已经提及，智力是由观察力、记忆力、思维力、想象力和注意力等五个因素有机构成的，提高智力就是要提高这些智力因素的水平，提高这些智力因素的相关方面的品质，通过有针对的锻炼，使自己的智力上一个新的台阶。因此，你首先得了解学习的智力因素的组成，了解自己的各个智力因素处在什么水平，这需要对自己的各个因素进行理性的分析，或者与别人进行适当的比较。对五个智力因素进行深层次的分析，就可以发现自己在智力方面具体的长处与不足，借助于一定的锻炼方法和对应的克服方法，并持之以恒，就能取得较大的进步。

智力不是一个人成功的全部因素，但肯定是必要的因素，全面发掘自己的智力潜质，提高自己的智力水平，对提高我们的学习能力和获得成功非常重要。

要发展智力潜质，就得先从了解智力组成入手。

第二章 观察力与学习

一、观察力的意义

观察力指利用感官感知客观事物而获得认知的能力，是重要的智力因素之一。观察力是人一生中获得知识的重要能力，一个人的观察力的好坏会对学习产生很大的影响。

很多科学家对观察力给予了很高的评价。俄国生理学家巴甫洛夫告诫学生，要想获得成功，一定要“观察、观察、再观察”，微生物学的奠基人法国伟大的科学家巴斯德说：“不学会观察，你就永远成不了科学家。”

观察对人们了解和理解生活也具有十分重要的意义，鲁迅曾告诫青年文学爱好者说：“如果要创作，第一须观察。”

可见，观察力在人的学习、事业中有何等重要的位置。

有人说：“观察力是智力的眼睛”，强调的就是观察力在智力中的重要作用。有研究认为，人的一生中百分之九十的知识来自观察，观察是人的一生积累知识的最重要的途径和方法。观察力的高低影响人一生积累知识的数量，影响学习的能力。

二、什么是观察力

要了解观察力，就要对观察这个词有深入的了解。在科学方法论中，观察被定义为人们通过感官或借助一定的科学仪器，有目的、有计划地考察和描述客观对象的过程。心理学则把观察定义为，观察是有目的、有计划、比较持久的知觉。所谓知觉是人脑对直接作用于感觉器官的事物整体的反映。无论从哪一个学科来说，观察就是利用人的感觉器官去认知客观事物的行为。但是，观察又不仅仅是利用感官进行简单的感知的过程，它不只是单纯知觉问题，还包含着理解和思辨的成分，是有目的、有计划的知觉行动。

观察力就是一个人进行观察的能力，即利用感官去认知客观事物的特征的能力。客观事物的特征，既包括明显的特征，也包括不明显的特征，观察力强的人，除了能观察到那些明显外露的特征之外，还能观察到那些在外部不表现或者表现不明显的特征。

人的观察力有强有弱。在很多推理小说之中，主人公都具有惊人的观察力，能观察到每一个蛛丝马迹。柯南·道尔的小说《福尔摩斯探案集》更是设置了两个在观察力上有显著差异的人物福尔摩斯和华生医生作为对比，来反衬福尔摩斯的观察力。华生医生观察比较粗枝大叶，容易为表面的现象所误导，而福尔摩斯的观察则细致入微，不放过任何蛛丝马迹，往往在细微处发现特别的证据，从而帮助他顺利侦破案子。

笔者在指导学生做研究的时候，也注意到，一些学生观察粗枝大叶，举一漏三，明明存在的明显特征，但你不告诉他的时候他就是观察不到，而有的学生则很细致，可以捕捉到很细微的特征。这是不同个体在观察力方面的差异。

三、观察力的品质属性

考察一个人的观察力，可以参考其在事物观察过程中的一些特性来进行，这些特征包括：观察的目的性、观察的精确性、观察的敏锐性、观察的客观性和观察的全面性。一个人在观察过程中所表现的这些特性，是其观察力的品质属性。观察力的这些品质属性，渗透在个人学习的各个方面，影响着个人直接获得知识的程度和深度。

观察的目的性是指观察是有目的的观察行为，而不是漫无目的的东张西望。具有良好观察力的人，能在观察过程中始终保持着明确的观察目的，并围绕这个目的进行细致的观察。目的性不强的观察者容易受到被观察到的东西的影响而产生漂移，追寻的路线可能会不断改变，往往是从一个观察目的开始，走到最后却不知道自己的观察有什么目的了。

观察的精确性是指从复杂的现象中观察和发现细节的能力。观察事物要细，不能只是笼统地看个大概，不能只观察整体框架而忽略细节。精确观察是对观察对象的客观的实际的观察，所观察到的结果能正确地反映客观对象的情况，不仅需要包括客观对象的特性和细节的质的限定，还要观察其存在的量和程度。

观察的敏锐性是指迅速准确地发现事物本质特征和重要细节的能力。观察的敏锐性除了与观察的精确性有关之外，还与个人的判断能力有关，缺乏判断力的人，往往会对一些重要的特征和细节视而不见，轻易放过，或者作做出错误的判断。在这种情况下，无论所作的观察如何精确，对观察的目的来说，都没有太大的意义，因为你的判断出了差错，所做的一切在逻辑上可能会走向错误。

观察的客观性是指按照事物的本来面貌进行观察，观察的结果必须是客观的，而不能是经过想象或者意象加工的东西。观察是对客观事物进行的有目的的考察过程，要发现的是观察对象的本来面目，而不是经过自己修饰过的印象。因而，观察的客观性是真正认知客观事物及其本质的必要保证。我国古代有个笑话叫做“疑人偷斧”，说的是某人把斧子丢了，他发现斧子不见后便怀疑是邻家的男孩偷的。带着这个先入之见，他对邻家男孩进行了观察，结果发现其一举一动一言一行都明显地表明他是个偷了斧的人。后来，这人再次上山砍柴的时候把斧子捡了回来，原来是上山砍柴的时候自己不小心弄丢了的。找回斧子之后，他发现邻家男孩的一举一动一言一行都明显不像偷斧的人了。这个故事告诉我们的就是观察需要客观，不能有先入之见。

观察的全面性是指要从不同角度、不同侧面和不同的层次全面地进行事物总体的观察。具有良好的观察能力的人总能对观察对象进行全面细致的观察，不会漏掉任何细微的特征和细节，既注意局部，也注意观察整体的方方面面。相反，观察能力差的人就不可能对观察对象实施全面的观察，而可能只是笼统地走过场。观察的全面性不仅包括范围的概念，即对观察对象进行全方位的观察，还包括深度的概念，即对观察对象进行深入的细致的观察，不错过任何一个细小的特征和细节。

一个人在这五个方面所表现的观察特性是其观察力的重要属性，不同的人有不同的观察能力，他们在这五个品质属性上的表现也不相同。这些差异产生的原因是多方面的，有先天的成因，但更多的是后天的影响，而且很多是可以通过自身的刻意改进和锻炼得到提高的。

我们在学习过程中，观察力的这些品质属性对学习的效果会产生很大的影响。例如，目的性强的人，会带着问题进行观察学习，更有效地获得知识；敏锐性强的人，在学习中能善于把握事物的重点和规律性，便于从整体上了解客观事物及其规律性，更易于从具体到抽象的知识升华和内化。

学习的内容不能笼统对待，要细致要全面要深入，要有层次有条理。在学习中，对同一个原理，不同的学生掌握的程度和理解的深刻性不同，这也与个人的观察力有关。

四、影响观察力的因素

一个人观察能力的高低以及观察的效果，会受到很多因素的影响，观察的目的性和计划性是其中最重要的因素。因为观察是有目的、有计划的行为，因而，为什么观察和如何观察直接影响观察的效果。同时，观察的效果还会受到人的其他智力因素、知识和经验的影响。

观察的目的性是确定进行观察的指导因素，进行观察时要明白为什么要开展这个观察，这样，观察才能围绕核心层层展开，层层深入。没有明确的观察目的，观察就会陷入混乱状态。不知道为什么观察，自然就不知道应该观察什么内容，不知道什么内容是有用的。

观察的计划性是围绕观察目的而展开观察行为的操作过程，计划是紧紧地围绕目的制订的，观察计划要考虑观察目的所需要的全面性和观察程度。好的观察计划可以指导观察的循序渐进和全面深入，不合适的计划可能会导致观察挂一漏万，或者只抓住次要的因素而忽视了主要的因素。

智力因素对观察的影响在于智力对观察的主导作用。观察是人进行的观察，所观察到的结果也必须经过大脑的思考过程分析，根据观察的目的进行过滤取舍，并作出判断，这就势必受到智力因素中的思维力和想象力的影响，这些因素的影响最终可能会决定观察是否准确，所作出的判断是否正确。

经验和知识对观察的影响显然也与思维判断有关，这是因为思维和判断总是以原有的记忆或知识为基础进行的，而这些记忆和知识自然也包括了个人在以前的观察中的经验和体会。一个人在进行观察时，总会不断地与自己大脑中的已有经验进行对比，进行观察结果的取舍，然后再得出观察结论。

观察力是智力系统的重要因素，是学习能力的重要组成因子，提高观察力，就能有效地提高学习能力和学习的效果。在学习中，要深入了解观察力及其影响因素，有针对性地进行观察能力的自我锻炼和提高，以提高个人的学习能力和学习效果，提高事业发展的潜力。

第三章　记忆力与学习

一、记忆是学习的基础

记忆是学习的基础，通过观察得来的信息需要通过记忆加以贮存和积累才能成为个人的知识。有了知识的积累，才有可能在已有的知识的基础上进行分析综合和演绎归纳等思维过程，才能产生学习的效果。

我们的感官在接触大自然的事物时，会获得大量信息，很多信息没有在大脑中留下印象，但也有很多信息在大脑里留下了印象。能够留下印象的是记忆参与的结果，没有留下印象的，是记忆不作为所致。留下的印象以及这些印象的归类和分析提升，就成了我们的知识，有了记忆，观察才有意义，人才有获得知识的可能。

一个人的记忆是由个人的记忆力执行的，观察到的信息需要记忆力在大脑中进行信息贮存以成为个人的知识。只有记忆力的参与，学习才成为可能，而只有信息的记忆才能在信息利用的基础上产生智慧的活动。

我们的知识是大脑记忆过程的结果，有了记忆，学习才成为可能，因而可以说，记忆是学习的基础。

二、什么是记忆力

记忆力即记忆的能力，指一个人获得、保持和再现知识的能力。我们在思考问题的时候，会将过去贮存在大脑里的相关知识再现出来，以帮助我们进行判断和决策，这些相关知识和思考的方法都是靠记忆贮存于大脑之中的，记忆力是智力的基础，没有记忆，人就没有学习和进步的能力。

记忆力是智力的基础，没有记忆，一切智慧活动都不可能进行，因为智慧活动需要利用大脑贮存的信息。

不同的人其记忆力存在差异，有的人记忆力很好，能在很短的时间内记住很复杂的事情，有的人记忆力很差，很难记住事情，或者很快忘记。

《三国演义》中的张松是个记忆力超群的人，能过目不忘。有惊人记忆力的张松相貌丑陋，常受到冷落。张松求见曹操，虽然曹操是个求贤若渴的人，恨不得把天下的贤士都收到门下，为己所用。但是，当曹操见到贤士张松竟然生得如此矮小貌丑，也冷落他，边洗脚边与他交谈，这让张松很不高兴。次日，主簿杨修拿了曹操新著的兵书《孟德新书》给张松看，意欲显示曹操的才华。张松看了一遍就熟记在心，也不得不佩服曹操的才华。但是，他却装得很不屑地说，这本书，“蜀中三尺小童，亦能暗诵”，说这书是战国时代无名氏所作，并非什么孟德新书。杨修不信，张松就从头到尾背了一遍。杨修听着，发现张松所背居然与曹操所著一字不差，心中大惊，立即将事情告知曹操。曹操听过之后，也感到很奇怪，他当然知道他的书不是抄袭的，但他对张松能一字不差地背下来，却无法不认为张松以前看过、学过、还背过这本书。因此，曹操认为“古人和我想到一起了”，于是他把书烧掉了。因为既然古人已有过，书就没有了新意，就没有留下的必要了。

据说也有人听过即能记住，过耳能诵，初唐四杰之一的王勃在写“滕王阁序”的时候就遇上了这样一个人。

当时，王勃去交趾看望父亲，路过滕王阁时，正赶上当地都督阎某修葺了滕王阁，并在滕王阁上广宴宾客，于是也应邀参加了宴会。宴间，阎某邀请出席的宾客为滕王阁作序，宾客个个谦让，笔墨就逐个传了下去。当笔墨传到王勃时，素有才名的王勃不作谦让，提笔就写。其实阎某在前一夜就命自己的女婿构思了一文，准备是日装作即兴而作，以博得宾客的喝彩。没想到在他装模作样地谦让宾客的时候，“不识进务”的王勃竟然接笔就写，毫不谦让，坏了阎某的计划。阎某很不高兴，当即罢宴，自己进了里厢。

王勃也不理会，一气写下。王勃每写一句，就有人当众大声朗读，阎某在里厢也能听到。当王勃开始写“豫章故郡，洪都新府”时，阎某说“此老生常谈也”。当写到“物华天宝，龙光射牛斗之墟；人杰地灵，徐孺下陈蕃之榻”时，阎某开始觉得文采奇峻。当王勃写到“落霞与孤鹜齐飞，秋水共长天一色”时，阎某惊呼一声“奇文也”，便出来重新开宴，并为王勃祝酒，让王勃继续写下去。

虽然阎某不再不悦，但其女婿却耿耿于怀，决定捉弄一下王勃，以泄自己心头之不悦。当王勃一口气写完搁下笔，众人都在喝彩之时，他却慢慢地站起来，说此文乃是前人所作，王勃窃为己用而已。说完，他便一口气一字不漏地背诵了一遍。众人听后感到很惊奇，认为初唐四杰之首的王勃竟会抄袭他人文章，真不可思议。王勃听过朗诵之后，知道此人过耳能诵，便询问对方是否诵完，待对方确定已经诵完之后，王勃重新提起笔来，接着写道：“一言均赋，四韵俱成”，一口气写了“滕王阁诗”，“腾王高阁临江渚，佩玉鸣鸾罢歌舞。画栋朝飞南浦云，珠帘暮卷西山雨。闲云潭影日悠悠，物换星移几度秋。阁中帝子今何在？槛外长江空自流。”王勃以其奇文，再次博得众人的喝彩，也留下了一段文坛传奇。

以上两例，均来自故事或传说，不一定是事实，不过由此可见有些人确实有很好的记忆力。

三、记忆力有哪些属性

有的人记忆力不太好，就说自己的大脑里记不了多少东西，其实这是不正确的。根据研究，人的大脑细胞的信息贮存量是惊人的。大脑研究者认为，人脑的记忆量可达 $10^{12}\sim10^{15}$ 比特（byte）之多，即达到了 1kG 到 1MG 的水平。从这样的天文数字可以看出，我们大脑中的记忆贮存量是何等巨大！一个人一辈子的经历和学习过的知识如果都能无一遗漏地全部贮存进去，也占不到其百分之一。因此，记不了东西不是大脑记不了，是自己无法记，因为记忆力差。

人的记忆力确实存在着很大的差异，有的人记忆力很好，很多学习过或者经历过的事情，很多年之后都能记得很清晰，有些人可能记忆力很差，经历过或者学习过的东西会很快忘记。但是，记忆力的差别不仅仅表现在记忆维持方面，有的人记得快，忘得也快，有的人记得很多，但该用的时候却不能及时想起来，相反，有的人记得慢，但能记得牢，有的人记得不多，但用起来却很灵活，这就是个人在记忆品质方面的差异。即使两个具有相当记忆力水平的人，其记忆品质可能也不相同。

一个人的记忆品质通常用四个指标来评判，这四个指标包括记忆的敏捷性、记忆的持久性、记忆的正确性和记忆的备用性。这是个人的记忆力在记忆行为方面表现的特性。记忆力的这四个品质指标的水平，综合决定着一个人的记忆力的整体水平。

记忆的敏捷性体现记忆速度的快慢，指一个人在一定时间内能够记住的信息的数量。不同的人在记忆速度方面有相当大的差异。有人做过记忆力敏捷性的实验：让被测试者背诵一首唐诗，有的人重复五次就记住了，而有的人却重复二三十次也没能记住。记忆的敏捷性决定于个人的反应敏感性，也与被记忆的对象有关，比如有些人对数字特别敏感，看过可能就会记住，有的人则对图像的记忆特别敏感。记忆是否敏捷取决于大脑皮层中条件反射形成的速度，条件反射形成得快，记忆就敏捷，条件反射形成得慢，记忆就迟钝。

记忆的持久性是指记忆信息所保持的时间的长短，是记忆巩固程度的体现。有的人记忆可以很长久，有的人则会很快遗忘，这是记忆品质的一个重要属性。如果把人对信息的记忆比喻为在金属板上做的标记的话，则用粉笔做的标记特别不牢固，很容易消退或者被抹去，用毛笔做的标记相对更持久一些，而用工具在上面镂刻的标记则更能持久。

记忆的正确性是指记忆信息的正确与否的特性。有的人记忆总是很正确，回答问题条理清楚，准确全面，而有的人则是记忆模糊，错漏百出，这就是记忆的正确性的差别。记忆的正确性与获得的记忆信息的正确性有关，这与人们对感官识别的信息加工处理和思维的综合解析能力有关，也与遗忘的特性有关。记忆的正确还与条件反射的正确性有关，如果条件反射形成的识记准确，记忆的信息就正确，反之亦然。

记忆的备用性是指能够根据自己的需要，从记忆中迅速而准确地提取所需要的信息的特性。记忆信息是为利用信息服务的，记忆的备用性决定记忆的效果，是记忆效能的主要因素，是判断记忆品质的最重要的标准。其实，从字面上看，记忆就包括两个方面，一是记，一是忆。忆就是把记下来的信息重新显现出来，以备利用。记是基础，忆是目的，如果忆不起来，记就失去了意义。在现实生活中，有的人可能也记得很多知识，但需要用的时候总是想不起来，或者是很难想起来，而另一些人则能迅速准确地提取已有的记忆，这就是人的记忆的备用性的差异。记忆的备用性与个人的记忆特性有关，大脑接受信息时，会同时调动原有的记忆信息进行关联，再进行记忆。这个过程，是将需要记忆的信息与原有的其他相关信息进行系统化的关联，然后再进行记忆。这个过程就如同我们对自己在电脑中贮存的文件给予相应的检索关键词一样，这些关键词设置得越全面，就越方便检索。在进行记忆时，大脑调动的识记关联性越多，就越容易回忆。

以上记忆力的四个方面的品质是记忆力的重要属性，人们记忆力的差异，主要在于这四个品质属性方面的差异。同时必须注意，记忆力的四种品质因素也是相互联系，共同决定记忆力的品质的。记忆的敏捷性决定记忆信息的速度和数量，正确性决定记忆信息的准确度和可靠性，持久性则决定记忆的时间效果并最终影响记忆信息的质和量，因为如果记忆不持久就意味着容易遗忘，遗忘会使记忆的信息失去或者不完整，记忆的备用性决定记忆信息的效用性，最终决定记忆的效果。判断个人记忆的好坏，既需要对自己的记忆四个品质进行分析，以确定自己记忆不好或者不理想的主导因素，也需要从整体上进行综合判断，从四个方面的品质属性进行全面的衡量。

四、影响记忆力的因素

记忆力的强弱因人而异，也与人的生理状况和年龄有关。对同一个人来说，生理状况好的时候，大脑供氧充足，记忆力就会好些，身体不适或者精神不好，记忆力就会差些。从年龄的增长的角度来说，人出生之后，记忆力会随着年龄的增长而增强，到一定的年龄之后，又会随着年龄的增长而减弱。但是，年龄增长所伴随的记忆力的减弱并非对所有的记忆都有相同作用，一般来说，机械记忆力（通过感官感觉的强记）会下降，而理性记忆（理解和逻辑方面的记忆）下降会慢些，而在记忆信息的忆起方面，有的类型的记忆可能逐渐遗忘，但有些记忆却永远存在。

有研究认为，年龄相关的记忆力衰退的主要原因可能与人脑的血液和氧气供应量不足以及 DHA 含量下降有关。但是，记忆力衰退并非只有年龄大的人才有，很多因素都可以影响人的记忆力。

工作繁重、生活压力大会导致记忆力的下降。繁重的工作和生活压力，会使神经长期处于绷紧状态，如果得不到放松，就会影响大脑的正常活动，如果由于压力大而引起失眠或者睡眠不足，更会加速记忆力的衰退。

空气污染可能会引起记忆力下降。长期生活在污染的大气环境里，或者长时间处于不通风的环境内，可能会因为空气含氧量低，导致大脑供氧量不足而引起记忆力下降。

长期吸烟及酗酒会影响人的记忆力。长期吸烟及酗酒可引起脑动脉硬化等疾病，导致大脑供血和供氧量不足，引起记忆力下降。

记忆的懒惰会造成记忆力下降。记忆需要锻炼，所谓常记常新，不断进行记忆，记忆力就能保持，长期不进行记忆，记忆力也会下降。因此，对电脑和手机等新兴设备太过依赖会导致人脑记忆的使用越来越少，记忆力就会下降。

记忆力是学习的重要因素，在学习过程中保持良好的记忆力，并在不断的锻炼中提高自己的记忆力是个人学习和工作成功的重要条件和保障。

第四章　思维力与学习

一、思维在学习中的作用

思维是个体处理信息及意识的活动，在学习过程中，通过学习者对观察和记忆的信息，经过采集、传递、存储、提取、删除、对比、筛选、判别、排列、分类、转形、整合和表达等等活动，使我们获得的感性知识上升为理性认识，并由此使学习的知识在我们的大脑中更系统化，更具概括性，并通过思维活动加以再组织和应用。

"学而不思则罔"，学习的过程必须伴以思维的加入。思维活动的加入，通过分析与综合、抽象与概括、归纳与演绎等思维过程，使我们的学习信息得以去粗存精、去伪存真，达到由此及彼，由表及里的效果。通过思维活动的参与，观察得以深入全面，使观察活动更深刻，目的性更强。思维活动的参与，也能够让我们的记忆活动变得更加有效，更加持久。因为记忆信息经过思维活动的参与之后，可以与我们大脑中已有的相关信息进行归类和分析，进行关联贮存，变得更清晰、准确、持久，备用性更强。

通过学习活动获得的信息，还需要通过思维活动进行组织，进而进行判断、筛选、归类和利用，从而发挥知识的作用，也即是获得学习的结果。在学习中，教师常常强调学生要思考，就是强调思维在学习中具有重要的作用。

思维是人的大脑的固有属性，但是，在对所掌握的知识进行思维活动时，每个人的思考结果却不全相同，甚至差异很大，这是由于不同个体的智力条件所导致，从根本上说，主要是思维力的质量差异所引起的。

因此，一个人的思维力，在学习过程中具有重要的作用，要获得良好的学习效果，需要思维力的全程参与。

二、什么是思维力

对于思维力这个概念，从不同的学科和不同的研究角度出发，可能会赋予其不同的解释。在本文中，我们仅从学习的一般含义出发，认为思维力是一个人开展学习活动的一种重要的智力因素，是进行知识综合、抽象、推理和判断的综合能力，或者说是个人进行正确思考的能力。

构成智力素质的五个要素在智力发展和智力活动方面都具有其特别的作用，都是十分重要的智力因素，但是，从智力结构整体来看，可以说思维力是其中最重要和最活跃的因素。首先，其他智力要素都是为思维力服务的，或提供思维利用的信息（观察力和记忆力），或提供思维活动的条件（想象力和注意力），而思维力则在以上的条件下，进行认识的进一步推进和判断，形成新的见解和决策。虽然思维力必须以其他智力因素为基础，但如果没有思维力，其他智力因素将不具有发挥其作用的意义。其次，智力素质中的其他智力因素，在其作用的时候都需要思维力参与，才能更有效地进行。例如记忆必须思维参与才能更加有效，因为通过思维的组织关联，贮存的信息才能更持久，更便于忆起。

学校教育的目的是培育人才，人才的最重要特征之一就是具有良好的思维能力。从教育本身的目的性来说，教育应该是知识的教育、思维的教育和精神的教育，而知识的教育只是教育的基础，思维的教育才是教育的核心。“运筹帷幄之中，决胜千里之外”，靠的是智慧，靠的是一个人的思维力。

在学校的学习过程中，我们所有的学习活动都要有思维力的参与。学习过程中所获得的信息，需要思维力参与才能增加其持久性和备用性；记忆的知识，需要思维力的参与才能内化为自己的知识，成为活的知识；知识的应用，如我们日常学习生活中的解题作文等等，更是需要思维力的参与才能进行知识的再组织和逻辑表达。所有这些过程，都与我们的思维力紧紧关联。

有人说，人的本质差异不是体力的差异，也不是知识的差异，而是智慧的差异。而智慧的差异最主要的表现就在于思维力的差异。由此可见思维力在人的素质中具有何等重要的地位。

三、思维活动的特点

思维是人脑的主要功能之一，是思维力在发挥作用时的外部表现，是人能够作出推理和判断的依托。思维力好的人，其思维过程是逻辑的，其思维结果是合理科学的，切合实际的。而思维力差的人，其过程将是紊乱和不科学的，其思维的结果也是不合理或者是不现实的。

作为思维力的外部表现方式，不同个体的思维能力会存在差异，但是就思维活动的整体而言，思维活动具有一些共同的属性。

思维具有概括性的特性。概括性是思维最显著的特性，概括是从事物的表象揭示事物的本质和内在规律性的过程。思维的概括性使人类的认识活动摆脱了对具体事物的依赖性和直接感知的局限性，拓宽了人类的认识范围，加深了对事物的理解。思维的概括性使人们在思考时能抓住事物的本质和内在规律性，找到问题的关键，从而作出事物的共性或者特殊性的判断。因为有了思维的概括性，我们才能在观察和实验的过程中逐步揭示那些隐藏着的自然规律，才能发展知识、发展科学，推动文明的进步。

思维具有间接性的属性。思维的间接性就是凭借知识经验对客观事物进行的间接的思考。凭借已有的知识和经验，思维不仅能对没有直接作用于感觉器官的事物及其属性或联系加以反映，也能对原本不能直接作用于感觉器官的事物及其属性进行思考，还能在认识现实事物的基础上进行发散式的蔓延和扩展，进行假设、想象和解释。思维的间接性使人们能超越感觉器官提供的信息，认识那些没有直接作用于人的感官的多种属性，拓宽了认知的深度和范围。思维的间接性使人们能够进行由此及彼、由表及里的推测和判断，能够在蛛丝马迹之中寻找事实发展的真相。

思维具有统一性的属性。思维的统一性是指思维的人类性和普遍性。正常人所具有的思维方式是相同的，这是就思维的共同性质而言的。例如思维活动进行的方式如概括和抽象，归纳和演绎等在所有人中是相同的，都具有相同的方式过程。思维具有统一性的特点，是人们可以从事思维方法的研究和进行思维能力的培养的根本所在。

思维具有差异性的属性。思维的差异性不是指每个人的思维能力高低的差异，而是指人在思维的方式方法等方面所具有的差异。思维的这些差异可能来源于人的文化背景等方面的因素。有人说，是西班牙文化孕育了堂吉诃德的思维方式，富于幻想而又充满激情；是丹麦文化孕育了哈姆雷特的思维方式，深邃的沉思和延宕；是德国文化产生了浮士德的思维方式，崇尚理性且富于思辨。人们对这三个典型人物思维差异性的总结，归因于文化背景所产生的影响。而我国的思维方式常常倚重于直觉和顿悟，这些方面也具有传统哲学和传统文化的影子。

思维的差异性也与一个人的专门锻炼有关，例如不同的学科锻炼会在思维方式方面产生差异。有一则笑话有助于我们去理解思维的差异性特点。那个笑话说，三个科学家到苏格兰参加会议，在火车上，他们看到山坡上有一只黑色的羊，天文学家首先作出判断："苏格兰的羊是黑色的。"物理学家进行了纠正："不，现在我们所能做的结论只能是苏格兰有一只羊是黑色的。"但数学家不同意，他说："我们只能说苏格兰有一只羊，它的一个侧面是黑色的。"这就是思维受专门培训的影响而形成差异的最好例子。

思维具有语言性的特性。思维的语言性是指思维的工具是语言，思维是在语言材料基础上进行的，思维的每一步都离不开概念和语言逻辑，思维是依靠在心里默默进行的内部言语过程实现的。

以上是思维的一些共同的属性，是从人们所共有的思维的整体上进行的概括，是人们的思维方式所共有的特性。但是，思维所具有的共性并不是说每个人所进行的思维都是相同的，更不是说人的思维力是相同的。由于先天和后天的多种因素的影响，人们的思维力存在着差异，思维方式和思维方法也有不同，从而表现在思考问题和解决问题方面存在差异。但是，正因为思维具有许多共性的特点，才使我们的思维训练和思维力培养成为可能。

四、思维力有哪些属性

个人在思维力方面的品质表现在其个人思维的广阔性、灵活性、深刻性、逻辑性、独立性和敏捷性等方面。一个人在这些方面表现的特性，可以看作是衡量一个人的思维力水平的品质属性。

思维的品质因素使我们的思维过程能放能收，既能天马行空地进行海阔天高的驰骋，也能环环相扣地进行逻辑演绎，寻根问底。而这些品质属性在不同个体表现的程度差异，形成了人们的思维力的差异。

思维的广阔性是指思考问题时思维可以从基础条件出发向多个方向扩展。思维的广阔性有助于我们从多个角度去认识和把握事物的本质和相互联系，更全面地认识事物的发展规律，从而作出正确的判断。有的人考虑问题能全面兼顾，面面俱到，有的人在思考过程中考虑因素不全面，或者会错漏了重要方面而容易产生不正确的判断，这是来自思维广阔性的差异。

思维的灵活性指的是思维活动的灵活程度。思维的广阔性为思维灵活性提供了条件，可以从不同的角度和不同的层面去确定思考的方向，从而能够更直接更快捷地作出推论和判断。同时，在思考过程中，人们还可以利用多种多样的方法和技巧去进行推测、类比、归纳和演绎等思维过程。

在解决问题的过程中，我们往往需要从已有条件和状态出发，从多个可能途径去进行思考，一个途径受到限制时，再思考另一个途径，而不是局限于一个途径进行无为的冥想，这就需要思维的灵活性。我们有时候说某人："不撞南墙不回头"，就是说其思维的灵活性差，不会从多角度多途径去思考问题。

思维的深刻性是指思维活动的抽象程度和分析深度，思维的主体能透过错综复杂的现象把握事物的本质和发展规律，抓住问题的核心和关键因素，揭示隐含的信息，从而作出正确的推理和判断。思维的深刻性品质在于对事物表象的剖析，透过现象看到本质，而不能被表象所蒙蔽。

思维的深刻性程度反映一个人的思维力的洞察力水平。鲁迅先生在《狂人日记》中写狂人读史，"看了半夜，才从字缝里看出字来，整本都写着两个字：吃人"。当然在小说中这是狂人行为癫狂的特点，但却是鲁迅先生思维深刻性所致，不过是托狂人说出来的读史感悟。字缝里没有字，只是史中所反映的历史的内在本质就是吃人。我们常常会在谈论一些人生认识的时候用到一个字"悟"，这个"悟"是思维力的深刻性所产生的认识效果。

思维的逻辑性是指思维对客观事物规律性关系的反映，思维过程有一定的形式、方法，是按一定规律进行的。要认识事物的本质和发展规律，要抓住问题的关键，就必须遵循事物的规律和相互联系，按照一定的方式、一定的程序进行环环相扣的、步步延伸的思维，才能具体地、全面地、深入地认识事物。

思维的逻辑性是思维力的最关键和最基本的因素，思维的逻辑性来源于思维过程的逻辑严密性。逻辑严密性差的人，其思维通常是混乱的，思维过程是无序的，思维的推进过程没有必然的联系，因而其所得出的思考结论也往往是错误和不可靠的。逻辑性强的人，其思维是有条理的，思维过程是有序的，思维的推进过程环环相扣，存在必然的联系，因而其思考的结果是正确可靠的。古人云："英雄所见略同"，英雄相同的见解就来源于英雄们在思维逻辑性方面的相同。

思维的独立性可以从两个方面来理解，其一是指每个人思考问题都会具有自己的特性，这种特性表现为个体之间在相同的论据的基础上，其思考问题的出发点和过程不可能是完全一样的，从而所得出的结论也可能不同；其二是指成熟的思维过程都应该能独立地分析问题和解决问题，不受他人之干扰。虽然他人的经验值得借鉴，但思考要有自己的个性，不可人云亦云。

思维的独立性表现为思考者根据自己的依据和判断提出问题、分析问题、解决问题。在学习过程中，我们会学习到学科中很多知识和方法，这些知识和方法都是前人发现和总结的，难免会受到前人所处时代的科学发展水平和个人学识等因素的限制，因而我们的学习就应该超越前人的这些局限性。同时，我们对学科和专业知识的思考和吸收也不能只沿着前人的脚印去走，用他们的思路去思考问题，而要养成自己独立的思维，这样才能真正地形成自己的学识。许多成就显著的人都具有良好的独立性思维品质，能从人们司空见惯的现象中发现问题，能勇往直前地追求真理，能标新立异，有所建树。

思维的敏捷性是指思维过程的快速性，能够迅速抓住事物的本质和问题的关键。思维的敏捷性与思维的逻辑性是统一的，敏捷是在逻辑基础上的敏捷，不能"下笔千言离题万里"，为求敏捷而不管对错是不对的。有人认为敏捷的思维具有跳跃式的特点，但是，这种跳跃式也是以思维的逻辑性为前提的，否则将进入无序状态，而思维的无序是不可能得出正确的思维结论和判断的。

思维的敏捷性应该同时考虑两个方面的因素，一是思维反应的速度，二是思维结果的可靠性。反应速度很快但抓不住问题的要害，是没有任何意义的，相反，即使反应较慢，但却能抓住问题的关键，对解决问题也会有积极的作用。

思维力是智力的核心，也是智力活动的基础，要进行智力活动，就必须进行思维，就必须依靠思维力来实施。人类之所以能够认识世界、改造世界，与人类具有思维力是分不开的。

五、影响思维力的因素

思维的几个品质因素在不同的个体中是不同的，这就决定了每个人的思维力都存在着高低差异。有的人思维敏捷，有的人则思维迟钝；有的人善于思考问题，可以在错综复杂的关系中作出正确的判断，而有的人则思维杂乱，没有规则，无法进行合理的推论；这些方面的差异来源于影响思维和形成思维力的品质属性的差异。

记忆力对思维力具有很大的影响，其影响主要体现在思维是在已有经验条件下的思维，任何思维和判断都离不开一个人已有的知识和积累的经验，而记忆力是这些经验和知识的积累的重要能力，离开了记忆力，思维就成为无源之水、无本之木。

注意力是人的身心指向和集中于一定事物时的意向活动。思维需要在错综复杂的信息中进行推理和判断，这就需要注意力的参与，注意力越强，就越能促进思维力的发展，就越能在错综复杂的状况下进行正确的思维，作出正确的思维判断。

思维还需要直觉的参与，直觉对思维力的影响在于直觉本身就是一种判断的方式。直觉根据对事物的知觉印象直接把握事物的本质和规律，能够影响人的思维方式和判断。直觉是一种感觉判断，无须经过严密的思考过程而直接感知事物的规律和本质，从这一点上说，它似乎与思维的逻辑性存在矛盾。但是，直觉判断并非是完全的无序或者是完全的随意感觉，而是在大脑中存在的众多的经验和对事物的综合感知的基础上形成的。获得诺贝尔奖的日本物理学家汤川秀树很注重直觉判断，他在《创造力与直觉》一书中讨论了《庄子·秋水》关于“知鱼乐”的对话，用以说明直觉的意义。其实，庄子之“知鱼乐”也并非凭空捏造、一味乱想，而是通过快速的从“鱼出游从容”这一现象直接进行判断而来的。但是，直觉并非完全符合逻辑，否则直觉就不是直觉了，它恰恰能够弥补逻辑思维的不足，特别是在缺少逻辑依据的情况下，直觉能为逻辑思维提供更广阔的空间。

分析能力会影响思维的逻辑性和深刻性。分析是把整体分解为各个组成要素，并逐个加以研究的思维方法。对事物进行分析，就是透过事物的外部现象认识事物的本质。有分析，才能充分论证，保证思维的深刻和全面，才能真正把握事物的本质和规律。

个人具有的知识积累能力对思维力有很大的影响作用，这是因为大脑中原有的知识是进行思维的基础条件，对思维起着支撑作用，没有一定量的知识进行支撑，思维过程就无法进行。同时，思维本身必须遵循一定的思考方法和逻辑过程，这也是通过知识积累而获得的，这些知识组成了思维过程本身。要有好的思维能力，就必须有足够的知识积累。

思维力是智力的核心因素，是学习和知识运用的最重要的智力因素。然而，我们很多人在学习中对思维力及其特性却缺乏有效的理解和锻炼，导致思维力没有得到应有的发展。因此，了解和发展思维力，从而全面地提高智力的状况和整体水平是理性学习的重要内容，也是搞好学习效果的重要条件。思维力的提高，可以带动智力其他因素的提高，在我们一生的学习和事业发展中具有重要的作用和意义。

第五章　想象力与学习

一、想象力是智力的翅膀

想象力是智力的翅膀，有了想象力，智力就能更自由地翱翔。在学习中，想象力可以增加知识学习的灵活性和延伸性，在利用知识发现问题和解决问题方面具有重要的意义。

爱因斯坦曾说："想象力比知识更重要，因为知识是有限的，而想象力概括着世界上的一切，推动着知识的进步。"爱因斯坦所说的进步和知识进化就是创新，只有想象力能推动知识的进步和创新，缺乏想象力的人也必然缺乏创新能力。

二、什么是想象力

想象是人们头脑中原有的表象经过加工改造和重新组合而产生新形象的心理过程，想象力就是人们进行想象活动的能力。世界上的许多新知识的发现和创造，都离不开想象力。牛顿看到苹果向地面掉落而发现万有引力，这个过程是他对苹果落地这一现象进行多种想象的结果；爱因斯坦提出相对论之前，在他的大脑中一定进行过一系列光速飞行的想象；霍金提出大爆炸理论的时候，他的脑海里一定充满宇宙各种星体运动和变化的蓝图，这就是想象。

从文学艺术来说，几乎所有的艺术形象都来源于想象。李白诗句："黄河之水天上来，奔流到海不复回"，是对黄河奔流千里融入大海壮观景象的想象，而“飞流直下三千尺”的想象，更是超越了庐山瀑布的有限时空。小说家塑造人物的时候，虽然也会有些原型，但故事情节和人物活动无不来源于想象。

从想象的现象来看，想象就是在头脑中模拟事物的形象、模拟事情的发生，或者进行着理想试验。心理学认为想象是人在头脑里对记忆表象进行分析综合、加工改造，从而形成新的表象的心理过程。想象力就是以原有的知识进行表象加工形成新的表象的能力。

同其他智力因素一样，个人之间的想象力也存在很大的差异。以小说人物来看，鲁迅笔下的阿 Q，就只具有简单的想象力，其想象不过与衣食住行有关，没超出七情六欲的范围，看到革命党给杀头了，最多想象的也不过是想听其唱几句大戏，以一饱耳福。其实这一点想象也是其在乡间看大戏的时候看来的。塞万提斯笔下的堂吉诃德则具有丰富的想象力，可以把一个挤牛奶的女工想象成绝世美女，可以把一群羊想象成一支军队，还可以把风车想象成传说中的巨人。

在现实生活中，人与人之间的想象力也差异很大，作家可以把一个个子虚乌有的故事编得天花乱坠，但很多人连一句谎言都说不圆，漏洞百出，不攻自破。学生在学习上表现出来的想象力也是如此，特别是在需要发挥创造力的试验设计等方面，有的学生极端呆板，只能按照别人已经做过的来照样画葫芦，不敢越过雷池一步。有的同学则能在综合别人所做过的试验的基础上，提出新的方案，这样的差异，就来自想象力的不同。作文的写作也与想象力关系密切。

三、想象力有哪些品质属性

人与人之间的想象力的差异来源于个人在想象的品质方面的差异，这些品质包括想象的主动性、丰富性、生动性和现实性。这几个品质属性的程度不同，人的想象力也就不同。

想象的主动性是指个体在记忆和思维的基础上进行想象的主动程度和想象的目的性。想象的主动性在个体之间存在很大的差异，我们有时说某某“经常想入非非”，某某有事没事“经常做白日梦”，如果排除这种评论的情感含义，实质上我们可以认为这些人很有想象主动性，经常处于天马行空的想象之中。想象主动性高的学生，喜欢想象，对所学到的知识和身边遇上的现象都会在大脑中进行一番想象，这种想象除了可以加深记忆和增进理解之外，还可以在想象之中建立知识和思维的联系，对个人的学习和成长很有益处。但是，想象的主动性又不能离开想象的目的性，想象的目的性是指个人想象的指向性可以围绕一定的意念目的进行想象。从想象的目的性而言，想象主动性强的人，能够有目的、有计划地唤起自己的想象沿着一定的方向前进，当行则行，当止则止。如果一个人想象主动性强且其想象的目的性也强，则其创造性也强。

想象的丰富性指想象内容的充实程度。阿 Q 的想象很简单，堂吉诃德的想象十分丰富。表面看来，这种丰富性与个人知识的丰富性有关，在阿 Q 的大脑里，其知识的贫乏决定了其想象也是贫乏的，而堂吉诃德先生博览群书，自然会有丰富的想象。因此丰富的想象需要以一定的知识为基础。但是，想象的丰富性并不仅仅决定于知识的丰富性，而是与个人想象力的品质有关。有些人不会想象或者想象不丰富，其所有的知识可能只是一种死知识，成为字典或黄页之类的记忆体，而不能产生出创造性的想象。就如很多大学的文学教授，积累的文学知识应该说是极为丰富的，但他们却成不了作家，因为缺乏想象力，或者说其想象不够丰富。近年来的 80 后作家如郭敬明，其文学知识肯定不如文学教授丰富，但其想象力非常强，想象非常丰富。以前曾听说过这样一句话：“作家都不是科班出身的。”这就说明想象的丰富性不是决定于知识的丰富性，甚至与知识的多少没有太直接的关系。因此，想象的丰富性既与个人的知识的丰富有关，但也与个人的想象素质有关，不完全取决于个人的知识水平。

想象的生动性是指想象所表现的活泼和鲜明的程度。想象的生动性与知识和记忆的生动性有关，也与想象的活跃程度有关。北宋时期有个画家叫文同，善于画竹，画得鬼斧神工，十分神奇。他画得如此之好，除了由于他经常深入竹林进行竹子的观察之外，与他想象的生动性有关，晁补之称赞他“胸有成竹”，指的就是他的想象的生动性，意指在文同的心中已经有了生动的竹子，只要画出来就是如此生动的了。《红楼梦》黛玉咏菊也有两句诗“毫端蕴秀临霜写，口角噙香对月吟”，有如此的境界。一个想象力生动的人，宛若视觉、听觉、味觉、嗅觉、触觉都可以感受得到想象中的东西，有了对菊的生动想象，达到“毫端蕴秀”、“口角噙香”的生动程度，写出来、吟出来的自然就是很生动的了。

想象的现实性指想象与现实相符合的程度。想象是对原来知识或形象的再加工过程，因而注定想象要高于现实而又不能脱离现实。想象不能脱离现实，否则便成为空想，堂吉诃德虽然屡败屡战，但终究没有逃过最后伤痕累累的结局，因为他的想象离现实太远。一代代想制造永动机的人们，其中应该不乏极富想象力而又有机械和运动学知识的人，从那些设计得很周密的机械图中就可以看出。但是，他们最终都没有实现目标，因为他们的想象超越了能量守恒的基本原理。因而，想象不能脱离现实。但是，想象又要高于现实，知识才能发展，科学才能进步。一个富于积极想象的人，是在现实的基础上，根据事物发展的规律性去进行想象，并超前于现实的。这样的想象才是有创造力的想象，才能达到扩展知识，发展事业的作用。

想象力在人的生活和学习中都具有重要的作用，这与想象的发散性特性有关。将想象与记忆、观察和思维作一比较，就会发现记忆和观察都是很客观的，必须与客观记忆对象和观察对象相符，用以积累客观知识。思维则在已有记忆的基础上，根据一定的思维原则进行的演绎归纳或者分析综合，其思考的方式也是有原则有规则的，不能随意进行，否则其结果就不可靠，就会与实际相去甚远。而想象则不然，想象基于现实而又高于现实，想象可以信马由缰任意奔驰。这就说明想象是没有太多的规则或者应该遵守的方法的，是智力因素中唯一没有太多限定而可以自由发挥的最活跃的因素。因而，想象力就具有了更大的空间和更大的自由，具有多样的形式，更赋予了不同的人具有差别更大的想象力。

四、想象的方式

想象具有多种方式，主要包括空间想象、比较想象、组合想象和情节想象。

空间想象是人脑中进行立体式想象的一种方式。空间想象力在头脑中浮现出真实物体的形状或形象。在建筑上，设计师头脑中想象着大楼的三维形状和内部结构。金庸在写江湖时，一定会时不时地在大脑中浮现一个想象中的江湖的样子，人物打斗的时候，肯定也会在脑中想象对打者一招一式的空间形象，从而他的江湖打斗才能描述得那样栩栩如生，才能那样逼真感人。这都是空间想象力的作用。我们在学习物体的三视图时，也要对着平面三视图想象物体的空间的样子。空间想象力好的同学，无论多复杂的三视图都能很快想象出物体的样子，空间想象力差的同学，往往很难把视图和物体对应起来。

比较想象是在大脑中进行的多种可能性因素及其可能导致的结果进行比较的想象。我们出门进城有多种交通工具可以选择，但用什么方式最好呢，大脑里就会对各种方式进行想象，并作出比较进而决定取舍。举个例子，司马光砸缸的故事是童叟皆知的。当司马光的小伙伴落水时，司马光肯定做了很多比较想象，想象的第一种可能是听其自然，让朋友自己想法爬出来，其结果是落水的小伙伴必然会淹死，因为那位小朋友不会浮水而缸又很深，旁边还够不着手。第二个想象可能是自己或别人爬进大水缸救人，结果可能只会多一个人遇险，因为他们也不会浮水。第三种想象可能是合力把大缸推倒，把里面的水放掉，问题是没有这么大的力量。最后他想象如用石头把缸砸破，水就会流掉了，没有水小伙伴自然就不会淹死了。这一个办法虽然有些破坏作用，但相对于小伙伴的一条生命来说，破坏只是微乎其微的。于是他毅然拿起了石头，向大缸砸去。其结果大家都很清楚，司马光不仅救了小伙伴，还流芳千古，成为千古儿童学习的榜样。

组合想象是将多种要素进行可能组合的想象力。这方面的例子如服装设计和空间装饰等等，在大脑中把多种可能利用的元素通过想象组合起来，想象它们组合之后的效果，再确定采取一种自己想象中最满意的组合。

情节想象是关于过程和情节的想象，这在文学创作过程中特别重要，我们在各种各样的小说中读到的情节故事，都是作家进行情节想象所得来的。不仅仅是作家需要进行情节想象，我们在进行一项活动计划的时候，也会对可能发生的过程在大脑中进行想象，并根据想象的可能进行修改，以达到自己的设计目的。在做试验设计的时候，我们也会把过程和结果及可能遇到的问题进行一番想象。我们在中学时代对一些物理问题进行解答，也经常在大脑中想象相关的物体的运动方向和过程等等。这些都可以视为情节或过程的想象。

五、影响想象力的因素

人的想象力的差异受很多因素的影响，从即时的影响来说，想象力受情绪的影响很大，情绪高涨时，想象会丰富；情绪低落时，想象就会受到抑制。

鲁迅先生在《阿 Q 正传的成因》一文说，写阿 Q 正传的时候，“正在做流民，夜晚睡在作通路的屋子里，这屋子只有一个后窗，连好好的写字地方也没有，那里能够静坐一会，想一下”，于是，就让阿 Q “渐渐向死路上走”。可以看出，鲁迅先生所处的那种环境是影响他的创作想象的。

很多人可能还有过不少相似的经历，比如在写作文时，热情高涨的时候会写得很顺利，举重若轻；情绪低落就可能苦思冥想也想不出几句话来。不仅作文如此，就连做几何的证明题、物理的运动题的时候，能否顺利，情绪影响也是很大的，因为做这样的题目也需要想象。

有人说中国的教育体制让学生日复一日、年复一年地做题考试，从而大大地压抑了想象力的发展，这是不无道理的。试想，天天都在学习的重压之下生活，心中必定郁闷，长期的郁闷情绪肯定会影响想象力的发展，这是很有可能的事。

但是，每个人都应该有一个正确的态度去面对这一切，与其终日郁闷，倒不如在目前仍无法改变的日复一日、年复一年的做题考试中，注入些热情，寻找些乐趣，增加一些想象，这样对自己的情绪状况和智力发展才是有益的。

从想象力的发挥来说，个人的知识和思维力的影响会远远大于情绪的影响，因为情绪的影响是即时性的，而思维和知识影响的时效则是长期的。

从想象的品质属性来说，想象的生动性和现实性与个人的思维有关，在现实之上进行符合客观事物发展规律的想象，其生动性和现实性才会更高，而这种符合规律的想象，就带有了一定的演绎和联想的成分。因而，好的思维力无疑会给想象带来更大的空间。

从想象的丰富性来说，想象的丰富与个人的知识的丰富有很大的关系，知识丰富的人，想象力可以及至上下五千年纵横八万里，可以遍及历史现实科学人文道德伦理各个领域。而这种博大的想象，是以知识为基础的。曾记得，有一位教师在讲哲学和马克思主义的课程的时候，说对牛顿为寻找第一推动力而最后走进宗教，感到很不解。我想，那只是因为那时人类对宇宙的认识很有限，否则，牛顿也会像霍金一样想象到宇宙初始的大爆炸的样子。孩儿时代，如果有人说要进入森林里旅行，小孩的想象无非是睡美人或者是森林里七个小矮人之类，如果往不利的方面想，则可能会想象到大灰狼或狼外婆，大的男孩则可能会想象到强盗的藏宝之地，以及守宝的毒蛇或虎豹狼豺了。这些区别就是知识的影响。如果大人要进入森林，其想象就要丰富得多了，因为拥有的知识比孩儿时代要丰富得多。

想象力是智力的重要因素，是知识创新和创造的基础因素，是创新力的核心。在学习中，想象力可以增加知识学习的灵活性和延伸性，在利用知识发现问题和解决问题方面具有重要的意义。提高想象力，就能提高个人的智力水平，提高自己的学习和创新能力。

第六章　注意力与学习

一、注意力影响智力的整体效果

在所有的智力因素的作用中，观察力、记忆力、想象力和思维力都具有各自方面的功能作用，当然它们之间也会互相影响，但是，注意力则影响着智力各因素活动的所有方面。可以说，如果我们把其他四个因素的整体看作一个智力效果的因子的话，注意力就是另一个因子，它们的综合作用才是智力的最终效果。如果用一个式子来表示，则可以看作是：

$$E=A\times(O,M,I,T)$$

式中，E 表示智力作用的最终效果，A 为注意力水平，括号表示其他四个因素（观察力 O、记忆力 M、想象力 I 和思维力 T）的综合水平。

从这个式子可以理解，注意力影响着其他智力因素的整体水平，在其他四个因素综合水平确定后，注意力水平就是一个决定性的因子，如果注意力水平全面发挥，智力作用的效果达到最大（100%），如果注意力水平低，智力作用的效果就相应地降低。

二、什么是注意力

注意力是指人的心理活动集中指向一定客体的能力，注意力是人的智力素质的一个重要的因素。

与其他智力因素一样，个人之间的注意力因素有很大的差异，有的人的注意力能高度集中，很快就能把自己的注意力全部转移在目前所做的事情上来，专心致志地把事情做好，而有的人则注意力涣散，做任何事情都会心猿意马，无法真正投入到自己应该做的事情中去。注意力直接影响其他智力因素的表现和发挥，从而影响学习和工作的质量和效率。高度集中注意力，是充分发挥智力因素的保障。

古往今来，很多取得重大成就的人，其成功并不仅仅是由于其超凡的智力和恒心，更重要的是其具有良好的注意力。注意力的高度集中，可以屏蔽一切外来的干扰，做事情可以达到极高的效率。我们可以在一些名人轶事中看到一些有关注意力的故事，有时候这些故事甚至被一些人当作笑话来谈。据说牛顿在做实验的时候，把手表当作鸡蛋放进锅里煮；王羲之写字的时候，错把馒头当成了笔，蘸了墨汁之后却又发现手里拿着的是馒头，于是又把蘸了墨汁的馒头放进嘴里吃。这些名人的异常的行为，正是由于注意力高度集中所致。

注意力对学生的学习效率有很大的影响。在一个班级之中，学习好的学生一般都具有良好的注意力品质，能很容易把注意力集中在自己的学习上而取得学习上的高效率，而注意力不好的学生，往往很难做到较长时间地集中注意力来学习。即使是在紧张应考的时候，有些学生依然是注意力游移，无法集中全部注意力在自己所思考的问题上。注意力素质不好的学生，学习事倍功半，甚至拿着书本看了半天，脑中也是空空如也，不知道看的是什么。

这就是人的注意力品质方面的差异。

注意力的差异对人的成功影响甚大。小学时代我们都读过《小猫钓鱼》的故事，小猫在钓鱼的时候，无法集中注意力，一会儿追蜻蜓，一会儿追蝴蝶，所以什么鱼都没有钓到。但是，当它听了猫妈妈的劝告之后，便集中注意力钓鱼，很快就钓上了一条大鱼。这个故事就是要告诉我们，注意力能否集中，影响我们做事的成败。

虽然注意力是一项重要的智力因素，但注意力却不是一项独立的心理活动，注意力总是与其他心理活动相连的。前面所谈到的观察、记忆、思维和想象等心理活动都需要注意力参与进行。集中注意力才能进行仔细深入的观察，才能达到自己的观察目的，否则就可能是视而不见。没有集中注意力的记忆不可能产生持久的记忆。思维过程则更是需要集中注意力，否则思维就会断断续续，理不顺逻辑，得不到正确的结论和判断。这是每个人都有过的体会。

因而可以理解，为什么马克思高度评价注意力的作用，他说："天才就是集中注意力！"原来，在伟人的眼里天才最重要的条件，并非是IQ大于140，而是注意力的集中。换言之，即使人真有很高的智商，如果无法集中自己的注意力，也可能会成为庸才。

三、注意力有哪些品质属性

注意力有几个重要的属性，了解这些属性可能会有助于我们了解和提高自己的注意力水平，这些属性包括：注意力的指向性、集中性、稳定性和转移性。

指向性是指注意力在某一时刻总是有选择地朝向一定对象。在任何时刻，我们接触的对象都是广泛众多的，因而一个人不可能在同一时刻把注意力放在所有的事物和内容上，从而需要有选择性。注意力的指向性保证我们的心理活动能清晰准确地把握特定的事物和信息。

注意力的指向性具有广度和范围的属性，可以理解为在一个时刻可以注意一个以上的对象。比如，我们在听老师讲课的时候，既可以听讲授，也可以同时做笔记，有时脑海里还会思考一下老师讲授内容的逻辑联系等等。但是，有些人的指向性广度很窄，记笔记的时候无法听讲，或者记了前一句就没有了后一句。具有良好注意力的人，可以同时注意两种或多种的心理活动过程，如有的人边听边记，听得很全记得也很全，很多艺人可以边弹边唱，就是同时注意两种心理活动的表现。

但是，应该注意的是，这种注意力指向的两种或几种心理活动是有机联系且具有共同目标的。例如，学生边听课边记笔记，听和记的都是同样的内容，艺人边弹边唱，用的是同一个曲调。有的同学喜欢边听音乐边看书，就显然不是注意力指向的问题了，这是一脑多用，往往是没有集中注意力的表现，长此以往，容易造成注意力涣散。

集中性是指注意力在一定的时刻内能高度关注于一定的对象，并进行深入的观察思考或者记忆等心理活动的特性。集中程度高的注意力可以保持心理活动只关注所指向的事物，暂时抑制与当前注意对象无关的活动；集中程度低的注意力则可能无法使心理活动关注应该指向的对象，无法抑制其他无关的杂念来干扰自己的心理活动。个人与个人之间注意力的集中性品质差异很大，在课堂讲授的时候，可以看到部分学生能够全神贯注，十分投入，神情随着老师的讲授表现着积极的反应。而有的学生思想游移，东张西望，或者虽然没有东张西望，但却呆若木鸡，对老师的讲授没有相应的感知或者感悟的反应。这就表明这样的学生没有把注意力集中在听课上。有经验的教师可以从学生对讲授的反应知道学生对自己所讲授的内容的把握情况，因为注意力的集中还关联着情感的活动，听课的感悟或有所疑惑等情况都会在表情上表现出来。

稳定性是指注意力集中的稳定程度。注意力的稳定性具有两个方面的含义，一是指人们的一般理解，即注意力指向性和集中性保持的时间长短，二是指抗干扰的能力。

就注意力稳定性的第一个方面的含义而言，这是注意力稳定性的量的方面的因素，即是否能长时间地集中注意力。注意力能保持集中的时间对心理活动的效果很重要，但是，长时间地进行同样的心理活动时，大脑容易疲惫，精神容易涣散。而注意力稳定程度高的人，可以很长时间进行着同样的学习或者思维过程，而不会出现大脑疲惫和精神涣散的情况。注意力稳定程度低的人则很难在比较长的时间内保持同样的注意力指向，或者难以长时间地集中注意力。学校里的教学时间一般安排为40到50分钟一个课时，就是考虑大多数学生的注意力的稳定性能保持的时间而设定的。不过，即使在这样一个时间之内，注意力稳定性差的同学依然会在听课的后半段时间里出现精神涣散的现象。

就注意力稳定性的第二个方面的含义而言，这是注意力稳定性的质的方面的因素，即注意力能屏蔽外来干扰的程度的高低。我们在集中精神做某件事情的时候，总会难以排除来自工作环境和心理环境等多方面的因素的影响，而注意力的抗干扰的能力，就表现在能否排除所有的干扰而保证自己全神贯注做自己所做的事。所有的内外干扰都可能会导致注意力无法集中。我们常常强调要有安静的学习和思考环境，因为这些环境有利于促进注意力的稳定性。我们不能把自己封闭于一定的小空间之内，外界的很多声音会自然进入我们的耳朵，附近的人和动物的活动会触动我们的视觉，这样，就会干扰我们的注意力。我们的心中可能也会有些无法排除的烦恼或者喜悦，这些情绪也会干扰我们注意力的集中。只有注意力稳定性好，具有很强的抗干扰能力的人，才可以在各种情况下保持注意力的集中，把应该做的事情做好。

据说居里夫人的注意力稳定性特别好，大学时代她在课室里学习时，旁边的同学恶作剧地在她的周围用椅子搭成了一个塔，只要她一动就能会碰到那些椅子进而造成倒塌。但是居里夫人纹丝不动，对别人在旁边的动作丝毫没有感觉。直到她学习结束之后，变换了姿势，才碰到那些椅子。

转移性是指注意力能否迅速集中的一个指标。很多同学可能有这样的经历，在课间看过自己喜欢看的小说之后，在随后的一节课里很难集中注意力听老师讲课，脑海里反复出现的都是小说里的情节或是与其相关的想象。有些同学有时在上课时依然因为之前发生的有趣事情而不自觉地发出傻笑。注意力转移性好的学生，能在上课之后迅速地把注意力从原来的心理活动中脱出，集中注意力听老师讲课。这些差异就是个体间注意力转移性的差异。能否根据心理活动的需要迅速地把自己的注意力集中到新的注意对象上来，取决于注意力转移性的优劣。

四、影响注意力的因素

个人之间在注意力方面存在差异，这种差异与个人的生理状况和心理状况有关，一个人在不同的环境或者进行不同的心理活动时所表现的注意力的不同，则可能主要来自自身的心理因素。那么，到底有哪些因素可以影响注意力呢？

首先，人的生理状况会影响注意力，如营养的因素、睡眠的因素和病理的因素等。营养的因素会影响生理状况，有些女学生为了保持自身的苗条美，怕长胖，一日三餐很少吃东西甚至不吃东西，身体的苗条是没有问题了，但由于缺乏足够的营养保证，缺少足够的能量供应，或者由于饥饿感等方面的影响，注意力就不容易集中。有些同学经常在考试前开晚车，试图突击进行死记硬背以应付考试，而这种做法实际上没有任何意义，因为睡眠不足，大脑疲劳，难以集中注意力，学习和考试的效果都不会好。病理的因素如有的人具有多动症或者忧郁症等心理疾病，就会影响注意力品质。

其次，心理方面的因素会影响注意力，这是影响注意力的最普遍的因素。心理方面的因素如非智力因素动机、兴趣和意志等，都与注意力有关。

影响注意力的第三个方面的因子就是环境的条件，如环境噪声太大，空气不流通，气温过高或者过低等，都会对注意力产生影响。

因此，注意要有足够的营养和休息，这是保证注意力品质的基础，选择合适的学习环境，这是注意力集中的外部条件，而有关心理方面的因素，则需要通过不断的自我调节来进行提高。

注意力是智力素质的重要因素，它能协调其他智力因素的作用，增进或者减弱其他智力因素活动的效果，是全面影响一个人的智力发挥的重要因子，努力改善自己的注意力品质，提高注意力的指向性、集中性、稳定性和转移性，是走向成功的必要条件。

第二编　学习的调控

第七章 学习的控制系统

一、非智力因素调控学习过程

智力因素是学习的基本条件，是决定一个人能不能学习的问题，这是学习的基础，是学习的必要条件。但是，一个人的学习效果如何，却不是仅仅只依靠智力因素的作用，还会受到其他因素的影响。一个人的学习活动，还会受到许多心理因素的调控，比如说学不学，是不是认真地学等等，这些调控因素是人的非智力因素。这些因素对人的学习过程和学习效果都具有重大的影响。

在学校学习的过程中，我们可能会遇上一些同学，智力水平并不高，但他们勤奋学习，学习成绩反会比那些聪明的同学更好。这是因为这个同学具有优秀的非智力因素，弥补了智力因素方面的不足。

龟兔赛跑的故事是我们每一个人都耳熟能详的经典童话故事，它的教育意义也显而易见，是老师们一直用来引导学生不要骄傲、要坚持不懈的典故。其实，这个故事对我们理解学习智力和调控因素也是很合适的。

兔子善于跑，而乌龟则不善于跑，两者的基础差异很大，但是，兔子最终却没能保持优势而败给了乌龟。它的失败就失败在与跑步本身没有直接关系的非跑步因素。如果换在学习上，把善跑改为学习的智力因素优秀，那么兔子就是个天生的善于学习者，而乌龟则相去甚远，但是，乌龟却利用它优秀的非智力因素赢得了比赛。

在学习上，优秀的智力因素，对学习来说，是具有重要的优越性的，但这个优越性能否发挥，还要取决于其他因素的综合作用，而不仅仅取决于其观察力、记忆力、思维力、想象力和注意力的优秀。

学习的过程，还受到智力因素之外的心理因素的影响和调控，这些心理因素调控着学习的过程，构成了智力因素发挥作用的条件，调节和控制学习的过程和效果。在许多情况下，这些因素对学习的影响具有决定性的意义。

二、非智力因素的组成

智力因素，即记忆力、观察力、思维能力、想象力和注意力等，是人们在在事物的认识方面所表现出来的心理性，是认识活动的执行系统。而这些因素的发挥作用及其作用的效果如何，还要受到非智力因素的调节。

非智力因素指智力因素以外的一切心理因素，它对人的认识过程具有直接控制和协调作用。对于学习过程而言，主要的非智力因素包括动机、兴趣、情感、意志和性格等，组成学习活动的动力系统，决定着一个人想不想学和如何学习等非能力方面的问题。智力因素是学习的执行者，而非智力因素则是学习的指挥者和组织者，决定着学习的方向性和持续性。

有人把智力因素比作一辆赛车，而非智力因素则是开车的赛车手，赛车的质量是决定这辆车能不能走，或者最高能走多快等条件，而赛车手则决定这车该如何走，在特定的路线和位置上应该如何调节的问题。方程式赛车的车子在行走性能和动力性能方面都有着基本相同的质量，最后决定胜利的是车手的驾驶水平。

在心理学上，动机是指引和维持个体活动并使个体活动朝向某一目标的内部动力。动机是人们进行学习和工作的动力系统，它能提供个体活动的目标方向并产生激励作用，远大的动机能够使人克服一切困难，孜孜不倦地进行一生的奋斗。

兴趣则是指在明确目标的基础上积极探索各种事物的心理倾向。孔子曰："知之者不如好之者，好之者不如乐之者"，所谓乐，就是兴趣所在，爱因斯坦说"兴趣是最好的老师"，可见兴趣对于学习非常重要。学习上的兴趣能引导我们在学习的过程中不断探索，不断追求，并不断地取得进步。

情感指人们对外界刺激所产生的心理反应。情感是人类精神世界的核心，它影响着每个人的价值取向和对事物的评价标准，影响着我们的行动方向和效果。情感可以影响兴趣从而影响学习和工作的效果，同时，情感也会影响注意力和记忆力等智力因素的发挥，从而综合地影响着一个人学习和工作的效率以及完成的质量。

意志即是指人们自觉地克服困难，实现预定目标的心理过程。在学习过程中，我们会遇到各种各样的困难，甚至会遭遇失败和挫折，意志薄弱的人，遇到困难就会放弃，甚至无法长时间地坚持学习和工作。笔者认识好几个这样的人，有些是少年和青年时代的朋友，他们智力都很好，兴趣也广泛，但是意志薄弱，惧怕困难，不能吃苦，缺乏坚持精神，最终一事无成。

性格表现是个人在对现实的态度及与之相适应的、习惯化的行为方式方面的个性心理特征，是人对现实的态度和在行为方式中比较稳定的心理性。良好的性格如勤奋、自信、自强等，对一个人的成才起着积极作用，有利于学习活动的进行；而不良的性格如懦弱、懒惰等，则会影响人的智力的发挥，对人的成长起阻碍作用，影响着学习的持续和效果。

三、非智力因素对学习过程的调控作用

在人的行为方面，五个非智力因素的作用不是独立存在的，因素之间的作用也不是简单的累加，而是综合地整体作用于人的

活动的各个方面。对学习而言，非智力因素综合地对学习产生影响作用，促进或阻碍学习的过程，从而提高或降低学习的效果。

综合文献的描述，非智力因素对学习的过程和学习效果具有六个方面的作用，即动力作用、定向作用、引导作用、维持作用、协调作用和弥补作用等。

非智力因素的动力作用是指非智力因素构成行动的内在原因，成为行动的动机，并直接转化为行动的动力。

学习是需要付出大量的脑力和体力的艰苦奋斗的过程，这个过程是长期的，不是一朝一夕可以完成的，这就需要一个长期的内在的动力来促进它的继续和实现。也就是说，学习需要一定的学习动力来维持和促进，非智力因素正是起了这种内在动力的作用。在学校里，很多学生智力相当，但学生学习的勤奋程度却大不一样，这是他们之间在学习的动力方面的差异所致。

一些平时不太用功学习的学生，一到临考试时却表现得比其他人都勤奋，抄笔记、背讲义，一改平常懒惰闲散的习惯，起早摸黑地学习，这是为什么？因为要考试了，教师的检查和必须要有的学习成绩成为他这个时候的学习动力。但是，一旦考试过后，这些学生又故态复萌，因为由考试压力而产生的学习动力没有了，因而也就无法继续进行下去。

非智力因素好的人，具有远大的人生动机，可以坚持不懈地努力做好自己应该做的一切。远大的人生动机是学习和工作的内在原因和行动的内驱力，由于这种动力发自内心，所以无论外在的压力是否存在，都能始终不渝，坚持不懈。

非智力因素的定向作用是指非智力因素能够帮助人们确定学习的目的，指引学习的方向。人们所进行的任何活动，都总是以一定的动机为基础，并指向一定的行动目的。有了动机和目的，人才有行动的方向。否则，就如一只无舵的船，在大海中失去航向。

学习动机和学习目的的建立，就解决了“为什么要学”和“为了什么而学”的方向问题，因而学习就有了方向，就有了要达到的彼岸。学习的目的正确，人生的目标远大，学习就能始终向着一个远大的综合发展的方向进行。反之，则学习没有方向，容易迷失。一个有远大理想，希望为人类文明的发展作出贡献的人，一生都有明确的方向，会沿着这个方向奋力前进，实现自己的人生价值。相反，一个没有远大理想，以个人利益为人生目标的人，势必会在各种利益关系面前摇摆不定，或者会虎头蛇尾，或者会中途变节。他们的目标是以利益为指向的，自然摇摆不定。看过一份材料，说是20世纪80年代不少发了财的人，其中不乏有些动机不良的人靠投机取巧获得了财富，也有不少是当时的无业人员因各人机会不等而发了财，但这些人在20世纪90年代的竞争中基本都被淘汰了，这是因为他们人生的指向是以发财为目的，到后来见利忘义，甚至违法乱纪，最终很多人得了个“人为财死”的下场。也有不少靠钻营发迹的官员，甚至高官，最后以腐败告终，这是因为人生目的不正而产生的必然后果。

非智力因素的引导作用是指非智力因素能够帮助人们从动机走向目标。当一个人产生了某种活动动机并确立其目标之后，要从动机走向目标，就得付诸行动，为实现这个目标而努力，这个过程需要非智力因素进行引导。

学习是一个过程，人生的很多重要目标的实现都需要一个或长或短的过程，从动机出发到实现目标，必须一步一步地行进，必须依靠一步一个脚印的扎实行动才能得以实现。学习一门课程，学习一项技术，学习一门专业，都不是可以一蹴而就的，都需要非智力因素的引导才能达到目标。

在学校里，学习的引导会有两种形式，一种是外在的引导，即是靠别人的催促和引导，另一种就是内在的引导，是由自身的非智力因素来引导的。前者的引导作用是非直接的，后者的内在动力才是产生作用的直接因素。外在的引导也是由自身的非智力因素来起作用的，没有后者的参与，前者的引导不产生行动，也不会产生效果。可以说，所有的外在或者内在的引导作用，都是人自身的非智力因素作用的结果。

我曾经读过一篇文章，作者说他在二十五岁之前，没有什么人生的目标，大学是对付着毕业了事，毕业之后也只是凭着自己的一点小聪明应付工作，混日子打发时间，所以工作都做不长，生活一直比较艰苦。二十五岁的时候，因为一次机缘，他突然开始检讨人生，开始重新整理自己。他当时所从事的工作是做销售，在他原来的眼中，销售只是一种机会性的工作，是否能遇上需要的客户而已，所以他一直以来都是应付了事，对别人取得的好业绩，他不屑一顾，认为那不过是运气好的结果。反省之后，重新确立人生的目标，他不再混日子。他开始认真对待工作，开始把心思放在做好工作上，第一个月他的业绩有了明显的上升，第三个月就成为全公司最好的销售员，半年后被提升为部门经理。同样的人，同样的工作，所不同的只是他确立了正确的工作目标。正是这个正确的目标所产生的引导作用使他能很快地改变了自己的生存面貌，取得了成绩。

非智力因素的维持作用是指非智力因素能够使人在从动机走向目标的过程中，做到不屈不挠，克服困难，直到取得成功。在行动过程中，非智力因素维持人的行动过程，坚持前进而不致于半途而废。

在从动机走向目标的过程中，我们有可能会遇到各种各样的困难甚至遭受失败和挫折，在困难、失败和挫折面前，是知难而退还是知难而进，这就要看个人的非智力因素的作用了。另一方面，一个人在进行活动的过程中，也可能会受到各种各样的诱惑而产生动摇。世界太美妙了，你是否会由于这些美好的诱惑而放弃你原来的追求呢？你的追求很远大，也很遥远，而有时候一些美妙的诱惑就在你的身边，而你能否做到不受诱惑而继续前进，这也同样决定于你的非智力因素。

每个人在小的时候，都会有很高的人生目标，长大之后也会在自己的白天或者黑夜的梦想里，描绘很多的美丽未来，做过很多伟大的计划。因为追求理想的过程太艰难了，只有一部分人通过努力奋斗实现了自己的理想，一部分人因为过程困难而放弃了自己的梦想，还有一部分人即使知道自己一生都无法达到自己的理想了，但仍然在孜孜不倦地奋斗。对于第一部分人，他们是强者，是成功者，也是幸运者，第二部分人，是人生追求中的懦夫，而第三部分人，即使没有第一部分人那样的幸运，但他们也是追求过程中的强者，是一些不成功的英雄。坚持努力奋斗的强者们，他们之所以能够坚持就是由于非智力因素的作用，非智力因素中的情感和意志在为人们的坚持起着维持的作用，维持着人的旺盛斗志和不达目的绝不罢休的决心，以及坚持不懈的行动。

据说曾国藩智力并不太好，他的成功在于他具有良好的非智力因素，特别是他的勤奋的性格和持之以恒的意志对他的成功发挥了很重要的作用。话说有一天，一个梁上君子光临了曾国藩的家，贼人伏在屋梁下，想待机行窃。少时的曾国藩正在读书，他想把一篇文章背熟，但是由于记忆力不太好，一遍又一遍地朗读了一通之后，依然背不下来。但是，曾国藩是一个很有韧劲的人，他决心要把文章背熟了才去睡觉，因此他一直坚持到深夜还在一遍遍地翻来覆去地朗读那篇文章。贼人在梁上已经把文章听得滚瓜烂熟了，看看曾国藩依然结结巴巴地背不出来，便觉得忍无可忍："世界上居然有如此愚蠢的人！"于是，他就大怒地从梁上跳下来，对曾国藩吼道，"你这样的水平也想学人家读书！我听都听熟了！"然后，贼人就对着曾国藩把那文章背诵了一遍，之后，便一拂衣袖，扬长而去！

由此可见，曾国藩小时候的记忆力还比不上这个梁上君子，梁上君子凭着伏在梁上听几遍书就能背诵这一点来看，他的记忆力显然是很好的，起码比曾国藩要好些。可是，曾国藩凭着自己良好的非智力因素，成为清朝同光中兴时的一位重要人物，而那个梁上君子虽然记忆力很好，却没有足够的毅力，连坚持到别人睡觉后再去偷盗的耐力都没有，即使想行窃也只是徒生一怒，连个小贼都无法做成。

像曾国藩这样的坚持不懈和持之以恒的毅力，就是非智力因素对学习过程的维持作用。

非智力因素的协调作用是指在非智力因素能协调各种动机，支配自己的行动，控制自己的行为，提高智力活动水平来完成行动的计划，达到行动的目标。

在学习中，非智力因素的这种协调作用是很明显的，如一个具有良好非智力因素的学生，始终能持正确的学习态度，不因为取得好成绩而狂妄，也不因为遇到失败而气馁，能保持勇于进取的学习精神，及时控制和调节自己不适于学习的心理状态。一个非智力因素不好的人，往往不爱惜时间，不会合理分配时间和精力，缺乏自我分析、自我激励和自我完善的自觉性，也就无法使自己能够平和地去面对个人在学习和工作中所面临的干扰和困难，情绪时好时坏，就无法使自己向着原来的目标一步一个脚印地前进。

非智力因素的协调作用是一个人的行动能取得成功的保证，因为在行动的过程中，人的心理会受到各种各样的外界条件的影响，不可避免地产生相应的内部心态活动，从而可能会对过程的进行产生影响，甚至会产生对动机和目标的质疑或者否定，非智力因素能够在这些复杂的情况下，强化有利的积极心理因素，克服不利的心理因素以保证活动的正常进行。

非智力因素的弥补作用是指良好的非智力因素能够弥补智力因素方面所存在的不足，能够弥补个人在成才过程中所受到的挫折。

有一个成语叫做“勤能补拙”，说的是勤奋可以弥补智力的不足，就是非智力因素能弥补智力不足的道理。前面谈过的曾国藩勤奋读书的例子可以看出，尽管曾国藩的记忆力不如贼人好，但他确实是一个非常勤奋的人，这种勤奋弥补了他的记忆力方面的不足。退一步说，即使是很聪明的人，也必须要勤奋才能获得成功。

前面提过的“龟兔赛跑”的故事还在这里继续借用一下。在故事里，小兔子先天条件很好，跑得很快，而乌龟的先天条件与小兔子简直不可同日而语，这样的比赛，对乌龟来说，实在是明显的不公平。然而，小乌龟硬是发挥了它的“非智力因素”的作用，能克服瞌睡以及一切饥饿和口渴方面的困难，吃苦耐劳，坚持一点一点地艰苦前进。相比之下，具有先天优越条件的小兔子的“非智力因素”就差得远了，狂妄、骄傲，对自己要求不严格。乌龟取得了最终的胜利，这个结果从先天条件来说，虽是意外，但从两个参与者的“非智力因素”来看，却也是情理之中的事。

我国大数学家华罗庚教授说：“勤能补拙是良训，一分辛苦一分才”，这是体现他一生的奋斗的总结。他中学毕业后就失学了，没有机会接受规范的大学教育，并且由于患过伤寒右腿残疾而导致行动不便。但是，他带着伤残，坚持不懈地学习和研究数学，数十年如一日，终于取得了巨大的成就，成为世界著名数学家。从他的例子可以看出，无论条件如何落后于他人，只要有良好的非智力因素，就总能在持之以恒的奋斗中达到自己的目标。纵观许多自学成才者，他们能够在条件不良的情况下达到成功，多是得益于非智力因素的弥补。

良好的非智力因素对智力因素的不足具有弥补作用，同理，不良的非智力因素对智力因素的发挥也会具有阻碍作用。笔者的一位爱睡懒觉的学生，尽管他智力水平很好，但由于非智力因素的限制，对工作缺乏执着，对自己没有严格的要求，在毕业二十多年之后，依然连自己的工作和温饱问题都还需要当年比他“笨得多”的同学来帮助。

非智力因素对人的学习和工作都具有重要的影响作用，决定着学习和工作的效果，甚至决定着一个人一生的成功与失败。因此，了解非智力因素，培养良好的非智力因素，对个人的学习和人生理想的实现，都具有重要的意义。

四、非智力因素的发展

我们常常见过不少聪明的孩子，记忆力强，思维敏捷，给人一种前途无量的感觉，但长大以后，却没有多大的作为，表现平平。汉末太中大夫陈韪所说“小时了了，大未必佳”大概说的就是这个意思。太中大夫的这句话是用来评价聪明绝顶，但他却并不喜欢的少年孔融，有些讥讽之意和酸酸的味道。可是他确实也说出了一种一般情况，就是小时候表现得很聪明、智力因素很好的孩子，长大以后未必都能成功。

相反，有些人小时表现并不聪明，但长大之后，却能在学习和工作中有出色的表现，这是由非智力因素逐渐形成的积极作用。

非智力因素的发展并不是一个单向的过程，即它的发展是可逆和反复的。爱默生说“强者容易坚强，正如弱者容易软弱一样”，这里指的是非智力因素发展的一贯性，但很多人的表现并非一贯如此，有些人在遇到困难或者挫折之后会迅速改变性格等非智力因素中的不利因素，让自己重新站起来，并获得显著的成就。这是非智力因素发展从消极转为积极的情况。但是，也有的人在遇到挫折时会一蹶不振，自暴自弃，这是非智力因素从积极走向消极的例子。

非智力因素的状况会影响我们的学习和工作，影响智力的发挥。在学习的过程中，在注意发展自己的智力因素时，也要注重自己的非智力因素，让非智力因素向着有利于学习的方向发展，减少其对学习的消极影响，长期坚持，对人一生的成就，具有重大的意义。

第八章　发展积极的情感因素

一、情感的含义

情感是心理素质中重要的非智力因素，指人们对外界刺激所产生的心理反应。情感是人类精神世界的核心，它影响着每个人的价值取向和对事物的评价标准，影响着我们的行动方向和效果。在学习方面，情感影响着动机、兴趣和意志等非智力因素，从而影响学习的坚持性和学习的效率。

情感的含义很广泛，内容也很丰富，在本书的讨论中，情感归结为道德感、责任感、理智感和美感等与学习有关的情感因素。

道德感是由个人的社会价值取向所决定，是以个人的道德标准去评价自己或他人的思想和言行时产生的情感体验。一个人总是在社会的大环境中生活，社会的道德标准会影响到个人的价值取向和评价标准，对社会上所发生的一切事物都会有自己个人的评价，而这种评价又会反过来影响个人的言行。

责任感是人们在对自身价值的认识、自身发展、自身完善和追求自身需要的过程中形成的一种情感因素，责任感规范、指导和约束着人们自身的各种活动。责任感的第一层含义是对自己负责，即一个人要懂得尊重自己的感情，尊重自己的理想，珍惜自己的生命活力，努力从自己的价值取向和自己的理想出发来安排自己的学习和生活。责任感的第二层含义是对社会负责，也即是从普遍的社会道德标准出发，从历史发展和文明进化的角度出发，考虑个人的社会责任和历史使命来安排和规范自己的行为。

理智是一个人用以认识、理解、思考和判断的能力，理智感则是与认识、理解、思考和判断相联系的情感因素，是与人们认识世界、追求真理的需要及需要的满足相联系的情感体验。在科学事业中，对科学探索的好奇心，对研究中未证实结果的怀疑，对科学真理的热爱和追求，对偏见和谬误的鄙视和排斥都属于理智感。因此，理智感是人们认识世界和改造世界的精神动力之一。理智不仅仅是一种明智，更体现了人的胸怀，缺少理智的人，往往也没有胸怀，一个没有胸怀和缺少理智的人则难成大器。苏东坡在《贾谊论》中说“所取者远，则必有所待；所就者大，则必有所忍”，这就是指理智感的重要性。古往今来，能成大成就者，其理智感都是很优异的。理智感能使我们学会克制自己情绪的影响，抵抗住外来的诱惑，在生活的旅途中扎实地去追求自己的理想。

美感是情感中的审美情愫，是用一定的审美标准来评价事物时所产生的情感体验。美感的产生具有明显的相对性，即对于同一审美对象，不同的人产生的美感体验不同，甚至会有相反的情感体验，这是由于人的审美标准不同所导致的差别。同时，美感的强烈程度也因人而异，有些人感受美时会欣喜若狂，喜形于色，有的人则心如止水，漠然而对。人有追求美的特性，有的人办事讲究完美，即使付出很大的劳动，也希望把事情做到最好，这就是强烈的美感所产生的作用，因为美感可以激发人们追求美和创造美的激情。美感的产生是在一定的审美标准的辨识之后所产生的美的体验，这种体验以人的知识和追求为基础，所谓“仁者见之谓之仁，智者见之谓之智”，见仁见智就是对同一审美对象产生的不同的美感体验，这是美感产生基础和审美标准的差异所致。

二、情感的品质属性

对一个事物或一个事件，不同的人产生的情感体验可能差异很大，这些差异来自于个人在情感品质属性方面的差异，情感的品质属性是关于情感特性的程度和取向的特质，影响着个人的学习和生活中的各种行为，这些属性包括情感的倾向性、情感的深刻性、情感的多样性、情感的坚定性和情感的敏感性。

情感的倾向性是指个人的情感经常指向何种性质的事物而言的。有些人的情感经常指向具有重大社会意义的事物，经常关心的是江山社稷国计民生的大事，如范仲淹所说："居庙堂之高则忧其民，处江湖之远则忧其君"，这样的情感是崇高的；而有些人的情感则经常指向个人的生活琐事，斤斤计较个人得失，得到一点蝇头小利就会喜形于色，蒙受任何一点经济损失就会哀伤烦恼，这类情感则相当世俗，有时甚至近于庸俗。情感的倾向性的差异受个人的人生观和世界观的影响，是人生价值取向在情感方面的表现。

由于每个人的人生观、世界观和价值取向的不同，情感的倾向性具有明显的差异。前面提到的范仲淹"先天下之忧而忧，后天下之乐而乐"的情感，体现了他关心民众关心社会的崇高襟怀。相比之下，李后主面对国破家亡，人民受难，怀念的不是民生社会，却只是计较个人的生存状态，怀念声色犬马的生活。社稷江山，百姓黎民，都不在其情感范围内。这样的情感，从襟怀上看就显得很狭隘了。当然，或者这是他获得生存需要的必要表现。如果他天天都怀念江山，忧伤于生活在"水深火热"中的子民，也许早就身首异处，当然，这是题外话，算是对李后主评价的一个补充。情感的倾向性影响我们学习和工作的目的性和方向性，影响人生的方向和可能取得的成就。

情感的深刻性是就个人的情感涉及有关事物的深度而言的，人们常说的"从心底里感谢"、"怒从心头起，恶向胆边生"，指的就是情感的深刻性。情感的深刻性是由个人对情感对象所具有的了解和兴趣所决定的，对事物越了解，对其内部本质属性越了解，产生的情感的深刻性就越强，反之亦然。在艺术欣赏等方面，这种情感的深刻性就很显然，艺术大师的名画动辄千万价格，很多人就无法理解，或者只知道美，而无法体会这种美所表现的深刻的艺术内容，从而就无法体会到由艺术而产生的情感体验。

情感的深刻性与个人的知识及情感对象的属性有关，也与个人的情感品质有关。有的人情感丰富，敏感性强，情感自然深刻，有的人缺乏情感，自然就产生不了深刻的情感体会。这些方面的情感因素似乎与性格等因素有关，但更多的是受生命观和对生活的热情和珍爱所影响。珍爱生活，对事物具有很强的关爱，自然会有深刻的情感体验。相反，没有积极的生命观，对身边的万物万事只是以利弊为衡量的标准，就不可能体会情感的深刻性，因为这种情感没有触及事物的深处，也没有触及个人内心的深处。孔子听韶乐三月不知肉味，情感的体验自然是很深刻的；俞伯牙摔碎瑶琴谢知音，“子期不在向谁弹？”情感也是很深切的；而东施效颦自然是体验不到美的内在，只有一个皱眉头的动作而已。情感的深刻性影响我们学习和工作的用心程度，对学习和工作具有深刻的情感体验，投入的时间和精力当然就会更大，注意力等智力因素就会有更集中高效的发挥，工作和学习效果肯定更好。

情感的多样性是指个人的情感涉及事物的广度，既包括情感的内容，同时也包括情感的形式。情感的内容和形式是统一的，丰富多样的情感必然会有多种多样的形式来表示，贫乏的情感不可能会有也无须多样化的形式来表达。

情感的多样性是人对生活的多样性体会的情感体验，是丰富人生的财富。现代功利社会对人的情感多样性有很大的影响和局限，很多人急功近利，没有爱好，很多人评价一件事物总是以有没有用为标准，也就是从能不能为自己换来金钱地位出发，或者就看能不能为社会带来可用的价值来评价，这样，就使得情感多样性走向贫乏。古人云："无用之用方为大用"，不仅仅指是否能创造财富，更重要的是丰富人生、丰富生活。快乐教育论者英国教育家赫伯特·斯宾塞认为"倘若没有绘画、雕刻、音乐、诗歌和其他自然美所产生的情感，人生就会失去一半美好的意义。"情感的多样性的产生和丰富是与我们的兴趣的广泛性同步发展和存在的，对学习者而言，除了有更丰富的人生情感体会之外，还会产生相应的更广泛的知识的学习和能力的培养。很多有大成就者都多才多艺，这与其情感多样性有关。

情感的坚定性，也可以称为情感的固定性或稳定性，是指情感的持久与稳定的程度。情感的固定性可以从两个方面进行理解，第一是情感维持的时间，情感坚定性越高则情感维持的时间越长，反之亦然；第二是情感转移的可能性，情感的坚定性越高则其转移性就越难。

情感的坚定性对个人的生活有重大的影响，影响人的意志和立场，有人为了一种情感追求，可以终其一生，"富贵不能淫，贫贱不能移，威武不能屈"，即使一生不能实现，也还在不懈地追求。堂吉诃德先生向风车挑战、与羊群搏斗，屡败屡战。虽然在旁人眼里他像一个疯子（其实可能他就是一个真正的疯子），但其情感的固定性是很强的，没有困难可以让他屈服。纵使在最后他倒下去了，他的情感依然不变，其情感坚定性让人起敬。勾践卧薪尝胆，不仅仅是一种复仇的决心，更体现了其情感的坚定性，对复国的一种坚定的情感维系让他克服一切艰难险阻。同样，古人凿壁偷光、囊萤映雪，刻苦学习终成大器，这既体现其意志坚强，又何尝不是情感坚定的体现呢？情感的坚定影响对情感对象的追求，有正确的情感取向，有坚定的情感特质，是搞好学习走向成功的保障。

情感的敏感性指情感体会的敏感程度，表现为情感体会的程度不同。有的人很敏感，事物的微小变化就能在情感上体验出来，《红楼梦》中的林黛玉，其情感的敏感性就很强，环境中的一个小小的变化和别人的片言只字，都可能会引起其情感上的强烈反应，看到花落就想到“明媚香艳能几时，一朝漂泊难寻觅”，然后就有“侬今葬花人笑痴，它日葬侬知是谁”的感慨。这就是她的情感高度敏感的写照。相反，也有很多人情感麻木，缺少敏感性，对周遭的事情及其变化无动于衷，就是因为其情感敏感性差的缘故。

因为性格和经历等很多原因的影响，每个人的情感敏感性都不同，敏感的人会对周遭的细小变化产生很大的情感反应，甚至会有预感，从而从心理上做出足够变化的应对准备，而情感麻木的人，情感对外界的种种变化不敏感，事到临头还茫然不知。情感的敏感性影响人对生活的情感体验，从而影响人对生活的质量评价。

情感敏感性高的人在学习上具有较强的进取精神，这是因为任何进步都会产生较强的身心愉悦的快乐体验，这样的快乐体验又进一步刺激学习的进取。

需要注意的是，有的人对外界的刺激很敏感，情感非常容易受到外在因素影响，遇到喜事就会沾沾自喜，喜形于色，遇到困难就会情绪低落，烦恼焦虑痛哭流泪，这不是情感敏感性强的体现，而是一种性格软弱的表征。情感的敏感性产生于心，但多禁锢于心，而对事后的行为产生直接的作用。《史记》云：“胸有激雷而面如平湖者，可拜上将军”，心有激雷，可见其情感敏感性之高，而面如平湖则是外在表现之平和，情感的激烈反应被意志所控制。具有优秀情感敏感性而又具有坚强的意志，自古以来就是成大器者的标志。

从一定的意义上说，人是生活在情感之中的，真实的生活与其说是物质的实际，不如说是对物质的精神体验。尤其是在物质文明达到了一定程度的时候，衣食住行都得到了保证，如何评价和体会生活，更多的就是情感方面的体验了。清贫人家粗茶淡饭布衣麻裙，就可以获得一份幸福快乐，富裕人家山珍海味绫罗绸缎，也未必能得到一份快意。18 世纪英国思想家和心理学家休谟曾经说过："幸福与其说是用任何其他方法，不如说是用情感的这种敏感性来达到的"，"由趣味的愉快中所得到的幸福，要比由欲望的满足中所得到的幸福更大"，"从一首诗、一段推理中获得的欢乐要比昂贵的奢侈生活所能提供的欢乐更大"。

三、情感的表现和作用

从以上的品质属性可以看到，情感是一个很复杂的综合体，在质的方面，具有两极向背的特性；在量的方面，具有程度变化的特点。在情感的质的方面，有肯定与否定、积极和消极的两极情感。肯定的情感来自对情感对象的质的评价，对或者错，好或者坏，从而引起的情感体验。这种肯定或者否定的情感与个人养成的道德评价标准有关。积极或者消极的情感来自人的需要是否能得到满足，需要获得满足，产生的是积极的情感，如满意、快乐、接受等等，需要得不到满足，产生的情感是消极的，如不满、烦恼、拒绝等等。

在情感的程度方面，任何一种情感体会都有高中低的差异，有强弱的变化，紧张与轻松的差异等等。例如国语中对快乐的描写，就有高兴、愉快、狂喜、喜极而泣等不同程度的形容，怒，则可以从愠怒开始，到愤怒、大怒、暴怒，乃至狂怒的变化。任何一种情感体验，都可以归于两极的质的差别，也同时有程度和量的差异。

情感是人的心理素质的重要因素，在人的心理活动和现实生活中具有重要的作用。情感处于心理活动的核心，它影响着人的智力因素的发挥，也影响着非智力因素如动机、兴趣和意志等。情感对智力和非智力因素产生调节作用，影响智力和非智力因素活动的效率，在学习上，就体现在情感因素对学习过程和学习效率的影响作用。

情感对智力因素和非智力因素的发挥具有调节作用，能调节心理活动处于适当的状态，以适合于人的智力因素的发挥，特别是兴趣和意志等非智力因素更易受到情感因素的影响。在学习和工作中，人们都有相同或相似的体会，心情愉快的时候，无论是工作或者学习效率都会很高，痛苦或悲伤的时候，学习和工作的效率都会有所下降。一个人的行为会因为受到肯定的情感因素的影响而得到加强，也同时会受到否定的情感因素的影响而被减弱。

从情感的本质上说，无论是肯定或者否定的情感、积极或者消极的情感，也无论其程度是强是弱，其本身是没有效率可言的。但在实际生活中，情感却影响着我们的学习效率，这是因为情感通过影响其他心理因素而产生的作用。从整体来说，积极的情感可以通过影响兴趣和意志等非智力因素的状态提高智力活动的效率，从而提高学习的效率；消极的情感也可以通过影响兴趣和意志等非智力因素的状态降低智力活动的效率，从而降低学习的效率。因此，培养个人的积极的情感因素，控制消极情感的产生，是学习和工作的值得注意的问题。苏轼在《留侯论》中说，子房“卒然临之而不惊，无故加之而不怒”，除了由于张良“所挟者甚大，而其志甚远也”之外，又何尝不是进行情感的控制呢？

总的来说，积极的情感因素有利于学习，而消极的情感因素则对学习不利，因此，在学习过程中要注意调节和培养自己的积极的情感因素，减少消极情感因素的影响。

四、情感因素的培养和控制

培养积极的情感因素首先要从提高自己的认识水平入手。情感是在认识的基础上产生和发展的，由于人们的认识水平不同，对同一事物就会持有不同的看法和态度，从而会产生不同的情感体验。认识水平的提高可以帮助个人理智的提高，可以用理智来支配情感的表现。提高个人认识水平从而培养情感，不仅仅是知识的学习，而更重要的是价值观、精神、气质等方面的提高，在这个方面，自我教育的重点是多读书，多读好书。

其次，要控制个人的欲望。情感与需要具有密切的关系，需要得到满足时，就会有正的情感体验，如快乐，满足等等，也会刺激人们去进一步追求和获得。由于人们需要的不同，也就产生不同的情感。欲望是产生需要的基础，欲望越大，产生的需要也越大，因而得到满足的可能性就会随之减少。需要得不到满足就会产生消极的情感，如失望、灰心等。同时，过高的欲望如贪欲等，会导致产生不正确的需要，从而可能导致产生很多不良的后果，甚至会导致犯罪。

但是需要指出的是，欲望过高导致的需要过高，使人追求的满足感往往难以实现，反映到情感上就会产生消极的情感因素，从而会影响学习和工作。因此，要控制欲望，对一切的名利地位的追求要适可而止。

实际上，脚踏实地、实事求是的人往往比好高骛远的人快乐得多。老子在《道德经》中说："祸莫大于不知足；咎莫大于欲得"，即是说天下最大的祸患就是不知足，最大的罪过就是贪得无厌，所以老子说"知足之足，常足矣"。因而人需要收敛自己的欲望，保持一份常足的心态，这样才能保持积极的情感，有了一份悦心快乐的情感，我们对待工作，对待学习，对待生活，就会很怡然很投入，就会更有效，也会有一个良好的循环。

第三，要正确对待生活中的失败和挫折。一个人在事业发展和价值追求中，总会遇到很多失败和挫折，在生活中也可能会遇到很多不公正的待遇，这些方面，都会或多或少地对个人的情感产生影响，会产生消极的情感，如悲伤、烦恼、失望等，遇到这种情况，要努力克制它的表现，不可任其发展。其实，在这些成功或者失败、得或者失之间，都并非如自己事前看的那样的重大，无非是一种心态的作用罢了。

读过罗兰的《归零》，很有感触。作者通过一个计算器，在一番一丝不苟的运行之后，被悄然归零。要比喻人生的奋斗得失和结局，有一段话语很合适我们："名利竟如何？恩情又怎样？

一切的执著无非是抽象数字暂时的显现。重要的是，该认真生活的时候，认真地生活过了；能做做旁观者的时候，也潇洒地旁观过了。未曾忘记快乐；也尽力摆脱苦恼。来到手中的，欣然接受；要从手中溜走的，怡然放手。名利如此，恩情也是一样。有过的就是有过了，失去时也应认可……”

是的，生活需要有认真的态度，但是，对于生活中的一切得失，就需要多一些洒脱，“不以物喜，不以己悲”，否则，放纵自己沉滞于消极之中，无论从哪一方面说都是没有意义的。

情感是心理活动的核心，它支配和影响着心理活动中的其他非智力因素，影响着人的智力因素的发挥，从而影响学习的效果。发展积极的情感因素，对于提高个人的学习和工作效率，提高个人的生活质量和丰富人生体会，具有重要的意义。

第九章　培养强烈的成就动机

一、动机的作用

动机是为实现一定目的而行动的原因。无论做什么事情，都会有一定的内在原因，这些原因促使我们去采取行动，为达到一定的目标而努力。在行动过程中，为实现行动目的而采取的各种各样的行为都是由动机控制，由动机激发和维持的。动机是个体活动的内在心理过程，是人的行动的内部动力。

动机对人的行动及其完成具有重要的影响，有一个式子把人的成功表达为：动机 + 智商 = 成功。当然，这是无数个有关成功的式子之一，是否恰当或者充分姑且不论，但无论如何它至少体现了成功经验的一个方面，说明动机在人的成功过程中具有举足轻重的作用。

行动动机激励着个人的行动，使人的行动朝着一定的目标和方向。但是，并非所有的行动都能达到预定的目标，在一系列的行动过程中，有的行动因坚持而成功了，有的行动因不能坚持而半途而废。能否坚持行动而实现自己行动的目标，这就与动机激励强度有关。动机激励作用越强，就越能促进我们坚持行动，克服困难以达到行动的目标。

无论什么人，只要其心智健全，就总会有各种各样的动机产生，从而激发一定行动去寻求实现自己的行动目标。小时候，我们都有过很多童真的梦，有些梦很多早就消失了，但有些梦长期存在，甚至有一些梦会伴随一生，驱使我们付出一生的努力，坚持一生的奋斗，即使道路艰险，挫折重重，也在所不辞。这些梦就是我们行动的动机，而其激励强度的差异，影响着行动的持续以及最后的结果。

在学习上的情况也是如此。对大学生来说，每个人进入大学，都希望能把专业学好，都希望能读更多的书，都希望能获得更大的能力，都希望以优秀的学业成绩毕业。但是，这些希望并非人人都能实现，甚至并非每个人都能为之努力奋斗。有的同学能克服学习上的困难而坚持下来，有的人则半途而废。一个人在坚持行动方面的差异，来自其行动动机激励强度的差异。

我读大学的时候是文化大革命结束后恢复高考的第一年，这一年高考的考生包括1965年到1977年的十多届中学毕业生，同学之间年龄相差很大，水平也相差很大。文化大革命前毕业的老三届，扎扎实实地读了12年，而我们这样年龄的人，从启蒙进小学文化大革命就开始了，不仅从小学到中学的学制被缩短为九年，而且在校学习基本上都是以阶级斗争和生产劳动为主，没有真正读过几天书。英语水平的差异就更大了，有的同学已经学习了好几年的时间，有的同学则从来都没有接触过。开始的时候，有的同学已有一定的阅读能力了，有的同学则连26个字母都没有学过。这样的差异让人很无奈，因为英语并不是可以在短时间内一蹴而就的，所以英语成了不少同学学习上的最大困难。

有一个同学，其他方面的学习都还不错，但英语基础很差，英语成了他学习上的障碍。好多次在讨论学习的时候，他都痛下决心，一定要认真花力气学好英语。并且说做就做，马上转辗各个房间，向英语好的同学打听最合适学习的教材，并且马上就到书店去购买回来，大有不学好英语誓不罢休的势头。但是他坚持不了多久，那些书就束之高阁了，因为学英语要付出的精力太大了，而且需要坚持的时间也太长，我的这位同学缺乏这种毅力。过了一段时间之后，他又一次下决心，再去买了些书回来，结果也还是放在书架上。毕业的时候，他成了班上英语书籍最多的学生，但水平却没有与他英语书籍的数量成正比。

相反，有个同学开头也是连 26 个字母也认不全，但他认认真真地学，也不管手上的教材是不是真的“对学习没有什么好处”，都能坚持学习，经过不太长的时间，他的英语水平就名列班级前茅。这就是坚持的作用，而这种坚持就依赖于动机的激励作用。

智力健全且具有一定的理性的人都会知道自己应该做什么，并且可能也会付诸行动，但是有的人因为种种原因而放弃了，最终难以成功，而有的人，一旦认定了一个目标，就不管难度多高，不管道路多么难走，都会坚持地走下去。

这样的毅力需要成就动机来作为内在动力才能持久存在。

二、动机的产生

心理学研究认为，动机由需要产生，有些动机产生的原因是生理方面的，这样的动机是生理动机，有些动机产生的原因来源于人的社会需要，这样的动机为社会动机。动机对行动的激励作用的大小与需要的强烈程度及其时间持续性有关。

在生命活动和社会活动中，人具有多个不同层次的需要。马斯洛认为，人类的需要是分层次的，由低级到高级分别为生理的需要、安全的需要、归属和爱的需要（社交的需要）、尊重的需要和自我实现的需要。

生理的需要是人类最原始、最基本的需要，如吃饭、喝水、睡眠、穿衣等，这是保证人的生命能够维持的基本条件，这些需要若不能满足，就会有生命危险。生理的需要是人类最强烈的不可避免的最基本的需要，由生理需要而产生的生理动机，是推动人们生存行动的强大动力。

安全的需要是在生理需要之上的第二层次的需要，人们满足了生存条件之后，便有了安全的需要，希望有各种安全保障，免于灾难，能够安全地生活。每一个在现实中生活的人，在生理需要得到满足之后，都会产生安全的欲望、自由的欲望、防御实力的欲望，这就是安全的需要。安全需要催生的动机，也是与生理需要产生的动机一样强烈，因为安全需要也是人类生存的需要。

归属和爱的需要也称为社交的需要。人是社会性动物，一个人在一个社会群体中生活，就希望得到来自这个群体的关怀、爱护、理解和肯定。每个人都希望得到来自家庭、团体、朋友以及同事的关怀、爱护和理解。在生理需要得到满足和安全得到保障之后，社交的需要促使一个人产生对社会的期待，相应地，会努力通过自己的行动来满足这种需要。

尊重的需要具有自尊、他尊和权力欲等方面，人们渴望实力、希望取得成就，希望得到名誉和地位。尊重的需要对人的成长和取得事业的成功具有强大的推动作用，是催生成就动机的重要内在原因。人们渴望实力，渴望独立和自由，渴望名誉和声望，甚至渴望权力具有支配权，这些方面的需要促使人们去获得更多的知识，增强自身的能力，希望能得到成长的机会，希望能发挥自己的能力，愿意把工作做得更好以受到别人的重视和赏识。由尊重的需要催生的行动的动因会成为持续的动力，可以推动人一生的奋斗。

自我实现的需要是人的所有需要中的最高等级的需要，是指为实现个人理想，发挥个人聪明才智的需要。满足这种需要就要求完成与自己能力相称的工作，最充分地发挥自己的潜在能力，成为所期望的人物，这是一种创造的需要。有自我实现需要的人，似乎在竭尽所能地把自己所负责的工作做到最快，做到最好，努力让自己变得更加完美。他们做事情讲究完美，追求效率，追求理想价值，把工作当作创造。自我实现需要让人充满活力，对许多事物都具有强烈的兴趣。自我实现需要强烈的人，其行动高效持久，让自己一步一步地向着人生的理想前进。马斯洛认为，在人自我实现的创造性过程中，会产生“高峰体验”的情感，这种情感是人的存在的最高、最完美、最和谐的状态。

可以说，每一个人都潜藏着这五种不同层次的需要，但是，这五种需要又并非在任何时候都会表现出来，也不是在任何个体中都会有相应的表现。因而，由这五个层次的需要所表现出来的行动动机就会因时因地因人而有相当不同的表现，只有最迫切的需要才是激励行动的主要动机。

三、动机的类型

不同层次的需要都会形成动机而激发行动，以期取得满足，不同层次的需要会形成不同类型的动机，生理需要形成生理动机，社会需要形成社会动机。不同层次的动机对人的行动影响的持续性和强度会有很大的差异，高层次的需要比低层次的需要具有更大的价值，人的持久的热情是由高层次的需要激发的。

生理动机来源于生理需要，如饥饿、渴、睡眠、性等，是以满足生理需要为目标的动机，一旦生理需要得到满足，其激励作用的强度就会大大降低。

相对而言，社会动机就要复杂得多，其形成受人的心理活动所影响，所以社会动机又叫心理动机。社会动机有两种主要的基本类型：交往动机和成就动机。

交往动机是指个体愿意与他人接近、合作、互惠，并发展友谊的动机，这是人在社会活动中表现的重要的动机类型。现代社会中，在分工基础上的合作已成为社会劳动的主要方式，要参加社会劳动获得自己生存和发展的保障，就需要与他人合作，因而，协作能力就成为一个人能否成功的重要制约因素。每个人都在社会群体中生存和发展，社会群体的价值观和评价标准决定着对某一个人的相容和接纳程度。个人需要取得群体的认同，就要以群体的评价来进行自我发展的定向，使自己的行为符合群体的标准，这样，个人就有了与人交往的需要和动机。每一个人都希望能与人交往而不希望独处，希望得到来自家庭、学校、组织和社会的认同，作为其中的一员，这是人的归属的需要在起作用。如果这种需要得不到满足，人就会孤独，甚至会有恐惧。

交往需要也与忧虑有关，忧虑的程度也会影响与人交往需要的强度，但这种相关性与恐惧的作用是相反的，忧虑越大的人，越不愿意与人交往，高忧虑的人往往选择回避他人，甚至有封闭自己的倾向。

成就动机是一种以力求取得行动成功为目标的动机。成就动机强的人，能以高标准要求自己，力求以最快的速度，在最短的时间内把事情做得更完美。具有这样成就动机因素的学生，在学习上能刻苦学习，努力战胜学习上的种种困难，力求取得更好的学习成绩。可以说，一个人能否取得成就，能否建功立业，成就动机是主要的因素。

成就动机是个人获取成功的内在原因，对个人的自我发展和事业追求具有决定性的作用。人的活动总是指向一定的目标，为一定的目的进行的，成就动机强的人，不仅仅是希望完成行动本身，而总是力图在行动中取得更大的成就，这种成就，不限于行动本身目标的完成，而包括更广的方面，如在行动的过程中获得更多的经验和知识，促进自身的发展和完善等。人在行动过程中可能会遇到各种各样的困难，成就动机使人能正视所遇到的挫折和失败，表现出极大的韧性和毅力，不达目的绝不罢休。

成就动机具有复杂的多级性，这与个人的成长相关。在儿童阶段，言语学习、游戏和生活自理等是其主要的生活内容，成就动机表现为努力把这些事情做好。学生阶段，学生的主要工作是学习，如何把学习搞得更好，这是成就动机的表现。不同的年龄有不同的生活和工作的内容，而在所有应该做的事情中，努力地力求做得更好，都是成就动机主要的内涵。成就动机在不同年龄层的表现方式不同，但都或多或少地影响着下一个级进。这些影响具有连贯性，但又并非必然。有人对成长过程成就动机的表现作过研究，有些孩子在小孩时表现出很强的成就动机，但后来却每况愈下，对自己的要求越来越低了。相反，有的孩子小时平平，却越来越有成就欲。

就马斯洛五层次需要而言，前面的生理需要和安全需要应该是动物界共同存在的，所有的动物都希望能得到生理的满足，也希望自己不会受到伤害。为满足这种需要而产生的动机是生理动机，这样的动机应该在动物界也是普遍现象。高层次的需要，如尊重和自我实现的需要所产生的动机就是一个人的成就动机，其对个人的学习和成才具有十分积极的意义。对于社会的精英人才，素有“饿死事小，失节事大”的说法，这种说法指的就是精英人才追求的需要，是高层次的，即使自己的生理和安全需要没有得到满足，但依然要追求自己的高品位的价值（需要）。能够做到关心“节”而不在乎“死”，可以想见，高层次的需要所激发的动机具有何等超越寻常的激励作用。

在学校里，学生的主要任务是学习，成就动机就围绕着学习形成。总的说来，学生的成就动机大体包括三个方面的内容。首先是好奇心的满足，即探索求知的兴趣，这是一种纯粹的个人需要而产生的成就动机。很多学生在学习阶段涉猎群书，积累知识，不是因为学校或者教师要求他这样做，而是发自个人好奇和兴趣。第二，证实自己智力和能力的欲望，要通过努力证明自己“行”。一个人在班级的学习生活中，通过与同学之间的比较，判断自己的能力和智力，获得自我价值的肯定，获得成功的喜悦。第三，希望自己学习出色而得到肯定，获得自尊的满足，这是由社会定位的成就动机。社会有其成功的公共标准，催使众人向着这个标准努力，从而维持社会的进步和发展，也同时推进人类的文明和进步。社会标准必须是公正平等的，这样的标准对全体人员才有激励作用。相反，如果社会公共标准失衡，就会对公众的成就动机产生扭曲作用。学生的学习生活中，这三个方面的因素组成其成就动机的内涵。

四、成就动机的激发和培养

在人的一生中，成就动机具有十分重要的作用，激发和培养成就动机，关系到一个人一生的成就和一生的生存状态。

成就动机也是学校和教师培养学生的一个重要内容，学校所举行的各种考试、竞赛、表扬和嘉奖等，都在于激发和强化学生的成就动机，以激发学生努力学习，取得成功。

除了学校行为能激发学生的成就动机之外，每一个学生都应该把激发和培养个人的成就动机当作重要内容和主要的目标，以使自己的学习能力保持在尽可能高的水平，发挥自己的最大潜能使学习效成果达到最好。

如何培养和激发成就动机，在很多学报和杂志上可以查到大量的研究论文，这些研究涉及成就动机的现状、激励和培养等许多方面。作者对有关文献进行了融会综合，提出以下几个方面供大家参考。

首先，要正确认识自己所承担的责任，一个人肩负的责任和使命感是其不断努力向前的不懈动力。我们每一个人生存在这个世界上，都肩负着家庭和社会的责任，这是我们作为一位家庭和社会成员的天赋使命。我们要回报父母，我们要振兴家庭，我们要让社会走向更公正更平等更民主的状态，这是每一个人的责任，是社会的每一个成员要为之奋斗的使命。

一个人要前进，要成长，要有所成就，就需要认清自己所肩负的责任和历史使命，没有责任感的人没有生活的目标，不知道生存的价值所在，必然会沦入冷漠，失落，甚至绝望的状态。在现代的功利社会里，很多人的价值观失衡，因为没有生存的目标，不知道自己应承担的责任，便在学习和生活中，敷衍了事，得过且过。这样的人生，没有向前的动力，自然就会一事无成。

其次，要有适度的阶段学习目标。目标是行动的指向，能否达到目标，是能否成功的标志。这个目标应该是适度的，如果定得太低，无须努力便可以达到，即使达到了也没有成功感；如果定得太高，无论如何努力都无法达到，则自己可能永远地处在烦恼之中，对成就动机的培养和激发没有意义。适度的成功目标，通过自己的努力取得了成效，到达了目标，会激发成功的喜悦，有利于成就动机的激发和加强。阶段学习目标是围绕着个人的理想和志向设立的，阶段目标的完成所产生的成功喜悦和能力的肯定，是激发人一生奋斗的台阶。

第三，懂得与别人比较，懂得向他人学习。“以人为镜，可以明得失”，只有通过与别人的比较，才能确定自己的位置，才能判断自己的学习成果。要努力使自己的学习取得更大的进步，就要懂得向他人学习，学习别人的长处和方法，使自己能够更好地发挥潜力，更有效地学习。只有懂得向他人学习的人，才可能更有效地发挥自己的潜力，在取得效果和速率的过程中，激发成就动机。

第四，不要给自己找借口。不要给自己的失败找借口，要从自身的努力方面多作检讨，正确认识自己的不足，有针对性地改进，才能取得新的成功，才能培养和激发自己的成就动机。在克服困难的基础上所取得的成功，才是真正的成功，才是促进自己成长的根本所在。如果把自己的失败归咎于种种条件，而不认真地从自己的身上寻找原因，不脚踏实地克服自己在学习和工作中所表现的不足，寻找克服困难的路径和方法，就永远无法实现对自己的超越和对他人的超越。只有不断地超越自己，才会有更大的成功可言。

第五，做事情要讲究效率，追求完美。高效率是成就动机的标志之一，具有强成就动机的人，总是要求自己做事情要有高的效率，不允许自己拖拖拉拉。在学习和工作过程中，一定要努力排除一切杂念，集中精力搞好学习和工作，不能三心二意，做事情要投入全部的注意力，要想方设法把事情做到最好。当追求效率和完美成为习惯，成就动机就已然显著。

第六，要正确地对待失败和挫折。人的一生会遇到许多失败和挫折，在学校的学习中，也同样会遇到很多不如意的事，甚至失败和挫折，对待已经发生了的失败和面临的挫折，要正确分析原因，特别是不要气馁。摔倒了，就要重新站起来，坚强地走下去。但是面对失败，就一定要找到失败的原因，特别是自己本身的原因，分析目标，分析自己的努力程度和所采取的方法，发现那些与失败有关的方面，然后改正重来。跌倒并不要紧，要紧的是在自己爬起来的过程中已经知道自己为什么跌倒了。即使你的跌倒是因为平坦的路上突然出现一块大石头，也要分析自己为什么会不小心踢到它。

动机是行动的动力，树立远大的理想，培养和激发个人的成就动机，是我们事业成功的基本条件。要在学习过程中，面对自己要实现的人生目标，随时进行自我鞭策、自我激励，始终保持高度热忱、专注和自制，激发成就动机，才能为事业的追求和人生的成功打下必要的基础。

第十章 兴趣是最好的老师

一、兴趣在学习中的作用

兴趣是学习的最重要的推动力量，由兴趣而启动的学习过程往往可以得到最有效的坚持和最好的学习效果。爱因斯坦充分肯定兴趣在学习过程中的作用，指出“兴趣是最好的老师”。

兴趣是指一个人积极探究某事物及爱好某种活动的心理倾向。兴趣是人的认识需要的情绪表现，反映了人对客观事物的选择性态度。

每个人都会对他感兴趣的事物给予优先注意和积极探索，并表现出心驰神往的情愫。由于兴趣而进行注意和探索，可以使人在兴趣活动中体验到情绪上的满足，从而乐在其中。

兴趣不仅关系到一个人在进行兴趣活动和探索时的快乐体验，也是其行动能否获得成功的影响因素。对索然无味的工作，你显然不会投入全部的精力去完成，而对于那些你感兴趣的事，可能就会全力以赴，千方百计去努力达到目的。因为在这个兴趣行动的过程中，你获得了愉悦和快乐，这些愉悦和快乐会激励你去继续你的行动。因此，有些职业选择指导书告诉读者，一定要选择自己感兴趣的职业。当然，是不是一定要选择自己感兴趣的职业才能成功，不在这里讨论，而兴趣影响学习和工作的效果却是必然的事。

兴趣能驱使我们进行探索和学习，并在这个过程中获得快乐。由于身心情绪对某一种现象或者某一方面的知识感兴趣，就必然会对该现象或者知识进行学习和探索，从而习得这方面的知识。兴趣还可以使我们在学习和探索的过程中，获得愉悦和快乐，这些快乐的体验可以使我们始终保持着良好的心理状态和热情，从而得到更高的学习效率，获得更好的学习效果。

兴趣不仅可以对个人正在进行的活动有推动作用，而且还可以为未来活动进行准备。对大学生来说，对专业或者专业领域的兴趣，将会促使其更系统地进行该专业和专业领域知识的学习，为未来的事业发展做好准备。

兴趣能促进人的智力活动，激发创造性思维。由于兴趣能促进现时活动并为将来的活动做准备，人们在兴趣的推动下，能够全身心投入相应的活动中去，进行全面的学习，追求活动和所从事的工作的完美，这种追求会激发创造力的发挥。古今中外，很多著名的创造都是由于创造者的兴趣投入。有人说天才就产生于强烈的兴趣和爱好以及由此产生的热情之中。

广泛的兴趣能够使人保持激情和良好的精神状态，这方面很多人都有过体会。当汽车在枯燥的长途跋涉中颠簸时，汽车上很多乘客无精打采，昏昏欲睡，但也有个别人一直在注视着窗外的每一处景观，兴致盎然，始终保持着良好的精神状态。在同样的跋涉旅途之后，那些昏昏欲睡的人变得疲惫不堪，而那些兴致盎然的旅客却依然是精力充沛。这些差别主要来源于兴趣，因为那些兴致盎然的旅客一路观察风景，每每获得兴趣满足的快乐，这种快乐的心态抵消了旅途的困倦。

我经常与比我年轻十多岁的同事一起出差，有时也会与自己的学生一起出去。我发现，在汽车上很多年轻人很快就在路途的颠簸中睡着了，或者昏昏欲睡。而我总是忍不住对路旁的一景一物进行观察和想象，从中获得快乐。年轻人经常佩服地说我“体能真好”，我却不这样认为，我只是对他们说我在路过的风景中得到了快乐，所以我看起来比他们有精神。有些人说这条路已经走过许多次了，都非常熟悉了，还有什么值得观看的吗？我对他们说，不是说太阳每天都是新的吗？每次都匆匆而过的道路，每次都会有新的发现。并且，即使是相同的事物，你在不同的时间去观察去体会就会有不同的体验。

要懂得欣赏，只要有欣赏之心就会发现你感兴趣的东西，这是保持广泛兴趣的基础。而有了这样的兴趣基础，你就能激情持久地学习，并在其中获得快乐，这样的状况又会反过来增强你的兴趣，促进你的学习。

兴趣对一个人的学习活动非常重要，要高效地学习，要持久地坚持学习，就需要对学习的各个方面保持良好的兴趣。

二、兴趣的类型

每个人都会有自己的兴趣，一个人的兴趣也会多种多样。

在心理学上，可以根据兴趣的指向目标的性质把兴趣分为物质兴趣和精神兴趣两类。物质兴趣主要指人们对物质生活（衣食住行等）的兴趣，精神兴趣则是指人们对精神生活（如学习、研究、文化艺术等方面）的兴趣。

分类上也可以根据产生兴趣的活动是否直接来把兴趣分为直接兴趣和间接兴趣两类，直接兴趣是指对活动过程的兴趣，间接兴趣则是指对活动所产生的结果的兴趣。可以说直接兴趣是身心体验的兴趣，而间接兴趣只是一种目的性明显的追求，其真正有兴趣的不是过程本身，而是过程的最后目标。直接兴趣和间接兴趣是相互联系、相互影响的，有了对过程的兴趣，才有在行动过程中的全神贯注和全心全意，有间接的兴趣，才有明确的行动目的，兴趣才会产生有意义的结果。

人的兴趣会对个人的性格和气质的形成产生影响。比如对高雅的文学艺术和科学探究的兴趣，可以使人具有高雅个性品质，反之，长期的对物质的兴趣，斤斤计较，占小便宜，对低级庸俗的生活感兴趣就会使人的品格低俗。

三、兴趣的品质属性

兴趣具有倾向性、广阔性、持久性等品质属性。

兴趣的倾向性是指个人感兴趣的内容，即人的兴趣的指向。人与人之间，由于年龄、所处环境、能力以及作为社会人所处的层次不同，兴趣的指向也不相同。有的人对文学感兴趣，有的人喜欢钻研科学，有的人对绘画感兴趣，有的人则陶醉于音乐，这就是兴趣倾向性的差别。而兴趣倾向性的差别，来源于个体的多方面的因素。

笔者读研究生的时候，有个文科的朋友来串门，一帮同学与他一起谈文学，谈得兴致勃勃。我的朋友很惊讶地说，居然这么多学理科的人对文学感兴趣，而他的学文科的同学却没有对钻研理科感兴趣的。我的一位同学评论说，因为他们没有钻研理科的能力，所以兴趣不来。也许能力对兴趣的倾向性会有所限制，因为你没有能力学习的东西，你就无法体会这个过程所具有的快乐。

兴趣是由需要产生的，而人的需要可能会因为环境和地位的改变而改变，这就会影响人的兴趣的倾向性。对我们那些理科的研究生同学而言，当年那种对文学的兴趣至今大多已荡然无存，也许那时的兴趣，不过是由于枯燥的理科学习和学位论文的压力而在文学上寻找一些转移而已。因此，兴趣的倾向性是可能会随着不同的环境和不同的时间而改变的。

兴趣的广阔性是针对兴趣的范围的大小而言的。兴趣的广阔性因人而异，有的人兴趣广泛，对很多学科和活动都表现出浓厚的兴趣，并在钻研和学习的过程中获得快乐，有的人则兴趣狭窄，似乎没有什么学科或者活动能引起他的兴趣。

人的兴趣的广阔性的差异会引起知识面的不同，一般地说，兴趣广泛的人，知识面比较宽，这些人在事业的发展上也具有更强的能力，这显然是与其知识积累有关的。兴趣窄的人往往知识面也比较窄，也会影响到其在事业上的发展。但是，兴趣广泛也不能太滥，要适当约束个人的兴趣，太滥了则可能无法专注于自己应该做的事，最终会影响事业的发展。

兴趣的持久性是指兴趣的稳定程度。兴趣需要稳定，不是一时的冲动和心血来潮，只有稳定持久的兴趣才能使人全面系统地学习某一领域知识，持久地从事某一领域的工作，从而取得成就。持久稳定的兴趣是事业成功的重要保证，对一个自己感兴趣的领域，并能够长期保持这样的兴趣，在快乐的学习和研究中就有可能获得最大程度的成功。

在科学的发展史上，由于持久的兴趣探索而取得成功的例子很多，列文虎克发现微生物就是其中一个典型的例子。

1632 年，列文虎克生于荷兰代尔夫特市的一个手工艺人的家庭。列文虎克 6 岁时，他的父亲就去世了，他基本上没有机会接受规范的学校教育。16 岁，他就挑起了养家糊口的重担。列文虎克先是在布店里当了 6 年学徒，然后自己开了一家布店。显然他不善于经营，很快他的布店就经营不下了，于是他转行担任代尔夫特市政厅的看门人。

列文虎克只读过两年书，没有多少学问，似乎不是一个科学家的料。况且他家一贫如洗，根本没有任何力量支持他进行科学研究，甚至不得不为一家人生存和温饱而疲于奔命。他最终成为一个著名科学家而为人类开拓了一个巨大的微生物科学领域，唯一的条件就是他的兴趣。

看门人列文虎克对当时刚刚兴起的复式显微镜很感兴趣，虽然经济上负担不起，买不起显微镜，但他没有放弃自己的兴趣，便自己动手磨制显微镜。

当时的显微镜质量很差，人们纯粹是用来当作玩具的。但列文虎克磨出的显微镜质量非常好，他不满足于用来当作玩具，他对未知世界的浓厚兴趣促使他用新磨制的显微镜进行各种物体的观察。他观察到蜜蜂腿上的毛居然如缝衣针一样竖立，他看到池塘里的水居然有些会动的小生物，他发现在一个沙粒里面居然有上百万个会动的小生物，他更惊奇地看到，在牙垢上生存的小生命，居然“比荷兰王国的全部居民还要多”。这一切的发现更激发了他磨显微镜和观察事物的兴趣，促使他持续不断地磨制新的质量更好的显微镜，并用来做更多的观察。

他几十年如一日地磨制显微镜进行事物观察，并保持强烈的兴趣。他一生磨制了近五百台显微镜，观察了身边所有能拿得到的物体并作了详细的记录。他的观察完全是为了满足自己的兴趣而做的，他甚至没有向其他人展示他的观察结果。

直到四十多岁的时候，他才忍不住把他的观察发现告诉了一位医生朋友，这位朋友刚好是英国皇家学会通讯会员。这位朋友看了他的结果，知道这是一个划时代的伟大科学发现，便规劝列文虎克将自己的观察结果整理成文和显微镜一道寄给当时的科学中心——英国皇家学会。列文虎克最后听从了朋友的建议，写成论文寄给了英国皇家学会，最终得到了世界的承认，成为一名举世瞩目的伟大科学家，为人类了解和利用微生物世界夯下了坚实的基础。

“兴趣是最好的老师”，在列文虎克身上这句话有了更具体的解释。列文虎克磨制显微镜并用之进行观察物体，纯粹是他的兴趣使然，没有任何其他的目的。由于兴趣，他的主动性得到了充分发挥，尽管他一生做过多种工作，但不论是做哪一种工作，也无论多疲倦和艰辛，他都是兴致勃勃地心情愉快地进行着显微镜的磨制和事物的观察。他的发现回报了他的付出，因为微观世界的每一个发现总是让他欣喜若狂，总是让他得到满足和快乐。

四、为成功打好兴趣的基石

兴趣对人的成功是非常重要的，在自己感兴趣的领域里经过努力，肯定可以取得成就。而在自己不感兴趣的领域获得成功的可能性就会大大减少。

有的大学生对自己所学的专业不感兴趣，对学习没有热情，提不起精神，总是应付老师的上课和考试，这显然是不利于自己的发展的，需要建立专业学习的兴趣。

如何发展培养自己对专业学习的兴趣，如何培养自己各方面的兴趣呢？有研究认为，兴趣的产生可以有三个方面的原因：产生于认知、产生于需要、产生于好奇。

前面说过，人的兴趣的倾向性受到多种因素的影响，其中最重要的也许是对某一方面知识的了解。可以说，没有认识，没有了解就没有兴趣。要建立专业的兴趣，就要对专业有所了解。列文虎克一生对观察微观世界的强烈兴趣，正是由于他对微观世界的认识，因为他看到了微观世界中存在着种种奇异的东西，这些东西促进他进一步探索的兴趣。因此，要培养自己在某方面的兴趣，就要对这个领域有基本的认识，有一定的了解。认识越深刻，兴趣就越浓。也许列文虎克最初对显微镜的兴趣与别人没有什么区别，不过是想用来做一下简单的放大观察，但是，由于观察到微观世界的奇异，才保持了他对磨制显微镜并用来观察物体的持久浓烈的兴趣，并且这种兴趣随着观察的深入而越来越浓。

兴趣是在需要的基础上产生和发展的。需要激励着人们采取积极的行动，以满足这种需要，一个人对某种事物或知识体系产生了需要，就会对这种事物和知识体产发生兴趣。人的各种各样的需要产生了很多的兴趣，有的需要很容易获得满足，兴趣就会随之消失，尤其是物质需要更是如此。但人的精神需要则会导致长久稳定的兴趣。

人的兴趣的产生也与好奇心有关，好奇是兴趣指向性和持久性的重要原因。一旦对某种事物和事情具有好奇心，就会促使个人对其进行学习和探究，而在学习和探究中，兴趣可能会越来越强烈。但是一旦失去了好奇，就失去了探索的动力。

好奇是人类的共同特性之一，是一种极其宝贵的心理品质，被居里夫人誉为“人类的第一美德”，生理和心理学家巴甫洛夫称之为“探究反射”。在好奇心的催动下，人们才会去学习、去探索、去发现。

瑞士著名心理学家皮亚杰说："所有智力方面的工作都要依赖于兴趣。"个人的兴趣对事业的发展具有重要的影响，兴趣培养是广泛的，多方面的。这里从大学专业学习兴趣的培养来谈一下兴趣的培养问题。

在大学阶段，进行的是专业学习，学习的兴趣就与专业相关，这与其他阶段的学习不太相同，专业兴趣相对更狭窄些，学习也枯燥很多，尤其需要着意加强。

如何培养自己对专业学习的兴趣呢？根据前面的兴趣来源于认知，来源于需要和来源于好奇的观点，我们可以从如下几个方面努力。

首先是对学科专业的了解。很多人在进入大学时，对所报的专业几乎没有任何了解，只是间接地听了老师的指导或者同学的议论，或者仅仅就是因为可以进入大学而选择的专业。其实，专业之所以成为专业，就是因为它的专，非本专业的人难以理解，俗话说"隔行如隔山"，大概讲的就是这个道理。有的同学入学之后，看到的听到的情况与自己的想象差异很大，就对专业产生了不同的看法。其实，每一个专业学科都有它的深奥之处，需要进行深入的了解，只有了解到专业的深奥和专业的渊博，了解到专业在社会经济发展中的作用和意义，你才会对专业学习感兴趣。

兴趣来源于需要。从低级的需要来说，专业是我们将来赖以生存生活的重要手段，从这点而言，我们必须好好地学习。从高层次的需要来看，我们要在社会上有所实现，有所建树，就必须在我们所从事的专业上进行更全面的身心投入。这样，从认识需要方面我们可以建立对专业学习的间接兴趣，随着在专业学习过程中的进步和成功，间接兴趣可以转为直接兴趣，而在专业学习过程中所获得的直接兴趣的满足，对专业的学习就会有更高的效率，就会有更好的学习效果。

兴趣产生于好奇。前面说过任何一个专业都有其深奥之处，这也是其最吸引人的地方。要善于对专业领域内的问题多提一些

“为什么”、“怎么样”、“如何”之类的问题，并带着这些问题进行学习和寻找答案，把这些问题解决了，你对专业的了解就会越多，而专业了解得越多，能提出的问题也会更多，想到的问题的层次也会更深刻，更具有科学哲学性，更具有学习的吸引力。从提问题的方式上对本不了解的专业达到了解和产生兴趣，是对本不熟悉的专业产生兴趣的捷径。

同时，我们也必须明白，我们在专业学习过程中所收获的，远远高过专业本身，在专业学习过程中所收获的知识和理论方法，以及由此而衍生的科学思维和科学理念，对人生的进取具有相当重要的意义。另外，在专业学习过程中我们所获得的学习能力的提高，也远远超过专业的本身。从超越专业的角度来说，无论任何专业，只要肯努力投身学习，其收获的意义都是共通的。

兴趣对人的一生的事业发展具有重大的影响，甚至影响人的生活品位和质量，培养自己广泛的兴趣，满怀热情地进行学习和创造，生命将更具活力，更有意义。

第十一章　炼就坚强的意志

一、意志及其意义

意志这个词，我们太熟悉了，“坚忍不拔”、“不屈不挠”、“坚持不懈”形容的都是意志的坚强，都是赞扬意志的优秀品质。在困难中崛起靠的是意志坚强，在安乐中堕落，首要原因就是意志消沉。意志的作用真是太大了，它主宰着成功与失败，主宰着人一生的荣辱，影响着我们日常生活的一切行动。

学习，也同样受意志所左右。

在心理学上，意志是指人们自觉确定行动目的，根据目的支配调节自己的行为，并通过克服困难而达到目的的心理过程。我们在进行任何一个有意识的行动，无论大小都需要意志的参与。

意志对人的行动的支配和调节有两个方面的表现：一是表现为推动个体产生和维持达到一定目的所必需的行动，二是表现为阻止和克制与预定目的相违背的愿望与行动。意志的这两个方面的作用是联系在一起的统一过程，因为要达到行动目的，就必须发动和促进正向行动，为达到目的而不懈地努力；同时，也必须克服和抑制不利于行动维持和推进的愿望与行为，以保证目的的实现。正是意志对愿望和行为的促进及抑制这两个方面的作用，支配了人的行动，保证了行动目的的实现。

意志对人的各种活动包括学习活动都具有调节和控制的作用，甚至意志还会对生存产生巨大的影响。在 2008 年 5 · 12 汶川地震中，在废墟中被埋 179 小时而获救的幸存者马元江创造了生命的奇迹，他能够在七天多的生存考验中挺过来并最终幸运地获救，据他说主要得益于三个原因：一是迅速用双手把头护着，二是与另一名被埋的同事相互鼓励，三是妻子和四岁的女儿成为自己的精神寄托和意志来源。对于第一点，显然只是一种灾难发生时必要的自我保护，保护头部不受伤。而后两点却支撑着让生命度过了双倍的极限时间（认为人不进水、不进食时一般生命极限为 72 小时），这是意志的作用。因为两个被埋者的相互鼓励和对妻儿的强烈的爱念，产生了强大的一定要活下去的意志，正是这种意志让其生存了下来。与他一起相互鼓励的同事，比他早二十多个小时被人救出，也已经在废墟中被埋了一百五十多个小时，也超过生命存活极限的两倍时间。

意志可以促进生存，有坚强的意志就有强大的生命力，但同时意志也可以对生存造成毁灭，丧失意志就会断送生命。第二次世界大战时的一个心理学试验，反映了意志对生命作用的另一个方面——丧失意志就等于自杀。

这个试验由一位军医实施，被试验者是一名即将被处决的俘虏。俘虏被蒙住了双眼，军医在俘虏的手腕动脉处扎入一支针头，并接上一根导管，导管的另一端连到放置在床边上的一只盆上方。军医告诉俘虏他将要被放血，直到流尽鲜血而死。不一会，军医说开始放血了，俘虏就听到血液滴到盆子里嘀嗒嘀嗒的声音。这声音让俘虏的心烦乱起来，他感觉到自己的鲜血正一滴一滴地流失，他的身体也越来越虚弱，不久他就失去了知觉。两天之后，他死了。

这是一个关于意志的试验，实际上军医并没有给俘虏放血，他插入俘虏动脉中的针头只是一个摆设，因为针头上连接的管子是封闭的，俘虏听到的滴在盆子里的液体的声音是液体从另一个容器滴到盆子里发出来的。俘虏在没有受到任何形式的伤害的情况下，由于意志崩溃而死去。

确实，意志对人行动和心理的影响是十分巨大的，上面的这两个例子说的是意志对生命生存的影响作用，是两极的例子，而有关“坚强的意志创造奇迹”的普通例子就更多了。哲学家叔本华和尼采甚至认为，世间的一切生命或者非生命，都是由于其意志而存在的。

意志对行动的作用可以归纳为三个方面。第一个方面是意志促进认识活动，使认识活动更加广泛、更为深入。人的认识活动，总带有一定的目的、一定的计划，需要精细的观察、持久的注意和专注的思考，这些认识活动必须要有意志的参与，否则就无法做到。同时，人总是具有一定程度的惰性，在认识过程中遇到种种困难，需要由意志的努力加以克服，以保证认识活动的继续进行。在认识过程中，一些意志薄弱的人总会在学习过程中寻找各种借口以逃避困难，他们的学习缺乏持之以恒的意志，也就缺乏效果，甚至一无所得。

意志对行动的作用的第二个方面是意志可以调节人的情绪和情感。意志坚强的人，可以超越成败荣辱，做到宠辱不惊，做到胜不骄败不馁。古人说“富贵不能淫，贫贱不能移，威武不能屈”，形容的就是意志对情绪和情感的调节作用。坚强的意志对情感和情绪的调节作用主要体现在坚定和忍耐两个方面，坚定是指能抗拒外来的诱惑，坚持自己的主见和原则，沿着原定的目标努力进取。忍耐主要是指能克服自身存在的惰性、能面对挫折、能克服身心方面所受的痛苦，继续朝既定的目标坚忍不拔地前进。

意志对行动的作用的第三个方面是意志可以促进人的自我修养。修养的含义是修身养性、反省自新、陶冶品行和涵养道德，具有自我教育、自我激励和自我发展等方面的意思。意志对修养的促进作用其实也与学习和情感控制有关，人只有在学习中才能明辨是非，正确地评价善恶，然后才能产生正确的爱憎和好恶情感，才能确定为一定的道德行为进行努力，并付诸行动。意志坚强的人，总会通过自己的毅力克服本身存在的不足和缺点，在品质上努力向自己设计的目标发展。

汉朝开国功臣、汉初三杰之一的张良，原为韩国贵族后人。

秦灭韩之后，张良决心要报灭国之仇。于是，他买通了一个大力士做刺客，在博浪沙刺杀秦始皇。行动失败后，张良便亡命他乡。从这些情况可以看出，张良也仅是一个“见辱”便“拔剑而起”的“匹夫”而已（“匹夫见辱，拔剑而起”——苏轼《留侯论》）。而后的张良，不忘灭秦意志，进行自我完善，受“圯上老人”三辱而不怒，因“孺子可教”而被“圯上老人”授予“太公兵法”。从此，张良更修养身心，修读兵书，俯仰天下大事，终于成为一个深明韬略、文武兼备、足智多谋的具有全面优秀品质的人。他最后投奔了刘邦，因为能“运筹帷幄之中，决胜千里之外”，为建立汉朝立下了不可磨灭的功劳，被封为留侯。完成了灭秦意志，官拜大司马之后，他辞官归隐，飘然世外。

留侯张良只是一个众所周知的例子，在日常生活中，意志对人修养品质的影响在我们不知不觉中产生着，影响着我们的修养和道德，让我们成长，让我们成熟。

二、意志的品质属性

意志的巨大作用来源于意志的品质，这些品质包括意志的自觉性、果断性、坚忍性和自制力等。良好的意志品质保证意志活动顺利进行，为实现预定目的而努力。

意志的自觉性是指个体自觉地确定行动的目标，并独立自主地采取行动达到目的。在对目标的追求中，要有坚定不移的立场和始终如一的目标，它贯穿在整个意志行动的过程之中，是推进意志行动实施和发展的最重要动力。人在实现意志目标时，总会遇到各种外界的影响和干扰，但意志坚强的人总能自觉地坚持自己的目标，排除影响，向着目标努力前进。相反，意志不坚强的人缺乏独立性和自觉性，做起事来往往容易受到各种因素的干扰，没有坚持的精神，没有独立的见解，表现出过多的屈从和盲从精神。

意志的果断性是指面对复杂多变的情境，能够迅速而有效地采取决定，并实现自己的决定。果断性是人的意志的属性，但又不仅仅与意志相关，因为人要作出果断的决定并为之奋斗，还需要智慧和知识的参与，在智慧和知识的基础之上，意志的果断性才是有效的果断性，才能做到果断坚决，雷厉风行。否则，一意孤行就可能适得其反。在强调意志果断性的时候，我们强调做事不能优柔寡断，如果面临困境，犹豫不决，不敢作为，就会坐失良机。三国时代司马懿兵临空城，却忧虑于诸葛亮的足智多谋，不敢前进，错失了擒拿诸葛亮的一次好机会。但是，果断绝不能没有智慧和知识为基础，要审时度势，综合分析才能作出合适的决断，否则就会走向武断和刚愎自用，这是意志的果断性走向的另一个反面，最终可能会酿成大错。三国时马谡失街亭，就是因为过于武断的结果。

意志的坚忍性是指在作出决定、制定行动目标之后，能矢志不渝地为实现目标而努力奋斗，即使遇到困难和挫折，也能顽强地面对并勇敢地加以克服，直到实现目标。在学习中，我们也会遇到很多困难，甚至遭受挫折，有坚忍的意志才能克服困难，不断地进步。

意志的坚忍性是一种韧性的体现，表现为不屈不挠矢志不移。意志的坚忍性是一种长期的韧性，需要时间和毅力去支持，因为志向的实现不会唾手可得，而是需要长期的奋斗和拼搏。在学校里，有不少人往往很容易立志，但是坚持不了多久，一遇到困难或者需要付出较多的劳动的时候，就会灰心丧气，打退堂鼓。意志的坚忍性不强，乃是人生的第一大敌。有时候，我们说："人的最大的敌人就是他自己"，就含有意志不坚忍的意思。

但是，意志所确定的目标往往需要一个较长时间的行动过程才能实现，在这个过程中，很多情况可能会发生变化，包括个人和环境条件都可能会产生相对的改变，在这种情况下就需要审时度势，根据具体情况，调整行动目标。比如有的同学在中学时喜欢物理，想成为一个研究理论物理的科学家，但高考时物理考得并不好，进入了其他的专业，与理论物理相去甚远，这个时候，他应该进行志向的调整，结合自己的专业才能成就大器。“咬定青山不放松”是一种坚忍，但“盘根错节”不屈向上，也是一种坚忍。在岩石隙缝中萌发的小草，只有在岩石的隙缝中弯曲地生长才能最终伸展枝叶，成为一根名副其实的草，否则，如果它想顶破岩石去昂视天空可能只会在岩石底下永远地埋没。因此，审时度势，适当地改变目标，是意志坚忍性的另一种表现，即遇到困难能进行适当的调节，坚持不懈，取得最后的成功。但是，需要注意的是，调整不是改变，更不是放弃。否则，我们就总是有理由为自己的软弱辩护了。

意志的自制力是指能够完全自觉、灵活地控制自己的情绪，约束自己的言行的意志品质。一个意志坚定的人，总是会以社会公共道德和行为标准来约束自己，遵纪守法，服从组织纪律，这是自制力的一个方面。意志自制力的核心是对自己行为的约束，对不利于行动目标的意向，会自觉进行抑制，不为情感所影响，不意气行事。苏轼论张良时说：“天下有大勇者，卒然临之而不惊，无故加之而不怒。此其所挟持者甚大，而其志甚远也。”实际上，“卒然临之”，可能不是心里真的“不惊”，“无故加之而不怒”，不可能真的“不怒”，而是他能进行抑制，表现出“不惊”和“不怒”来，这是因为“其志甚远”，利用意志的自制力，让自己“不惊”、“不怒”。意志坚强的人，能做到排除一切杂念的干扰，为了目标矢志不渝地前进。

三、意志与学习的关系

学习是成功的基石，要搞好学习绝不是一件容易的事。要做到知识、智慧、能力和素质的全面提高，为实现个人理想打好基础，我们就要摆脱种种吸引和诱惑，克服种种困难和挫折，这就需要有坚强的意志来保障。有句话说得好：“学如逆水行舟，不进则退”，要逆水行舟，就要坚持不懈，而坚持正是意志的作用。

意志本身也是在人的学习过程中不断进步的，通过学习我们不但提高了知识和智慧能力，个人的素质也在提高，这些素质的因素自然包括了意志在内。意志是促使我们克服困难努力学习的过程，也是学习反过来促进意志的成长的过程。

一方面，意志是影响学习活动的重要的非智力因素之一，良好的意志表现为自觉、坚忍、自信、自强、有恒心等特征。意志坚强的人，在学习活动中学习目的明确，自觉性高，能克服各种困难努力地认真地学习。由于有良好的意志品质的参与，其学习韧性高，效果好，会取得好的学习成绩。相反，意志薄弱的人，学习的自觉性差，坚忍性不强，畏惧困难，逃避困难，其结果往往会虎头蛇尾，得过且过，自然学习效果就不会好。

另一方面，人的意志不是天生就有的，也不是天生就坚强的，而是随着个人的成长、知识的提高和素质的提高而发展起来的。因此，学习过程也是意志的发展过程。从成长的过程看，人的意志品质是在学习过程中不断地发展的。

随着学习过程的深入，意志品质相关的属性会逐渐加强。首先是意志行动的动机会由动摇性向稳定性发展。年龄小的时候，人的学习动机主要是希望能取得好的考试成绩，从而获得老师的好评和父母的疼爱，以及同学们的赞扬。因而这种学习动机依赖性强，一旦对别人的赞扬或者好评不再感兴趣，学习的积极性就会下降。随着年龄的增长和知识的增加，人们会体会到学习并不是为了博得好评，而是实现人生目标的最重要的方法和手段，于是学习就成为意志行动，目标更趋向稳定。同时，由于目的明确，学习稳定性好，对学习的认识深入，学习的意志行动的自觉性也会加强。学习也促进了意志的果断性的发展，由于知识的丰富，道德的提高，能够明辨是非，分清好坏，自然能较快地在较复杂的环境下作出合适的判断，增强意志的果断性。意志的坚忍性和自制力也会在学习过程中得到增进和发展，这是由于学习使我们丰富了知识，获得了经验，发展了理性，学会了不放弃，懂得了如何克服困难。

正是意志品质在学习过程中得到提高，而意志又会反过来促进学习的发展，这种相互促进就成为人的进步和事业的发展的巨大的保障力量。以大学生为例，进入大学时，同班级所有学生的差异并不是很大，至少，从高考成绩来看，同班同学没有太大的差别，但是经过四年的大学学习之后，差别却是那样显著，甚至可以说有的人高升，有的人沉落了，“有人步入青云，有人坠入深渊”。大学毕业时同班的同学有了明显的层次差别，有些入学成绩不是很好的学生，成了尖子，在多方面都表现出超人的才能，而原来入学成绩比较高的，可能反而落在最后。这是学习过程和意志发展相互促进所产生的巨大效果，其反应不只是线性的，甚至是一种滚动式的级数递进。

意志对学习具有重大的影响，如何发展意志品质，形成良好的意志，是学习和成才的重要保障。要在学习过程中提高自己的意志品质，并由此进一步提高我们的学习效果。

四、培养和锻炼坚强的意志品质

前面说过，意志是指人们自觉确定行动目的，根据目的支配调节自己的行为，并通过克服困难而达到目的的心理过程，意志具有自觉性、果断性、坚忍性和自制力等方面的品质特性。在中学和大学阶段，要发展意志品质，形成坚强的意志，就需要有目的地在学习过程中发展意志品质。

首先是确立目标。人的一生，要制定很多目标，做一件事有做事的目标，学习一门课有学习的目标。这些目标，都围绕着一个整体的目标展开，这个整体的目标就是人生的大目标，就是理想的实现。人必须有长远的目标，否则人生就没有方向。人生的目标应该是体现价值，而不是物质需要的满足和享受。只有在远大人生目标的指引下，在追求目标的过程中磨炼意志，才能发展意志品质。

要培养学习的自觉性，有自己的独立见解，能坚持自己的原则，按自己制定的计划做事，不依赖他人，不受他人的影响。很多学生从小学到中学都是跟随教师或家长的安排进行学习，依赖性强，自觉性差。进入大学或者工作之后，没有人安排学习了，就没有学习的压迫感，似乎没有了学习的“任务”，就开始放任自己。原来还是很勤奋的学生，到了大学就开始睡懒觉，或者整天无所事事地东看看西看看，或者随便翻看一些书。这种状态一旦成为习惯，就难以改变。要杜绝这种可能，养成学习的自觉性，就需要制订和执行学习计划。开始的时候，可能会由于没有人监管而难以执行制订的计划，但一定要持之以恒，慢慢地养成习惯，以锻炼和提高自己学习的自觉性。同时，也可以请自己的同学朋友进行检查监督，让自己在有监督的情况下度过一段时间，这样也就有一个过渡的适应，慢慢就成了习惯，自觉性就可以培养起来。

要培养自己的自控力，这是意志品质属性十分重要的质素。人总是难以排除外界的干扰，容易心猿意马，容易为那些对自己有吸引力的东西所左右，容易对困境产生畏难情绪，克服的方法就是理性地控制自己。世界的诱惑很大，特别是现代，互联网把世界一切有趣的东西都拉到我们的跟前，任你选择，吸引着你去尝试。很多大学生沉迷于网络游戏，常常是通宵达旦地玩，影响了自己的学习，消磨了个人的意志，这是需要我们努力控制的。自控力的培养可能没有太特别的方法，靠的是用自控力来培养自控力，即从一开始就努力控制自己，按照自己制定的学习目标和学习计划展开学习，时时提醒自己远离诱惑。同时，也可以与一些自控力特别好的同学结伴学习，靠与别人相比来控制自己。自控力的形成是开头难却，但后来越来越变得容易的，这是因为自控力发展到一定程度之后，就会形成自我控制的习惯，而在这样的习惯之下，外界诱惑的干扰会越来越小。

要学会克服困难，面对挫折。人生的路总是不平坦的，人的一生，总会遇到挫败、遇到阻挠，总会有失意的时候。面对挫折，重新调整自我，继续沿着自己的目标前进，才能最后取得成功。古往今来许多成功者都是在不断的挫折之中走过来的，越王勾践曾历灭国之挫、为虏为奴；纵横家苏秦，也曾经冻卧街头，甚至受到家人的遗弃。古人说"不遇盘根错节不足以成大器"，说的就是要克服重重困难才能取得最后的成功。

没有挫折很难有所谓真正的成功，很多成功都是在经历过重重的挫折之后获得的。凡尔纳是法国著名的科幻小说家，但他的第一部作品《气球上的五星期》却一连被15家出版社拒绝，到第16次投稿才被接受。美国作家杰克·伦敦最初的投稿，也没有一家出版社愿意发表，以致他不得不去干苦力活以维持生计。后来他的第一部作品出版后即获得盛名，然后他那些早年无法出版的作品也一一问世，并且一一畅销。

因此，遇到挫折时，必须要正确对待。意志不坚强的人，遇到挫折容易丧失自我，怨天尤人，喜欢夸大痛苦，喜欢把一切悲恨都堆在心上，甚至认为自己就是世界上最悲惨的人了。这样做没有任何积极意义，只是进一步摧残自己的意志而已。积极的方法就是以平静的心态，不受挫折的消极心态影响，乐观地对待挫折。大发明家爱迪生在发明电灯时，就遇到了很多挫折，用了4 000多种材料都没有获得成功。这时有人替他惋惜，说"真可惜，你做了4 000多次试验都没能成功!"但爱迪生却乐观地说："不，我发现，至少有4 800多种材料不能用作灯丝。"他乐观对待挫折，先后试验了7 600多种材料，终于获得成功。

遇到挫折时，除了要正确对待乐观面对之外，还需要冷静分析遭受挫折的原因，重整旗鼓，调整自我，采取新的行动。在遭遇挫折的时候，冷静分析遭受挫折的原因是十分必要的，只有全面分析遭受挫折的原因，才能找到挫折的根源，避免再次遭受挫折。分析遭受挫折的原因时，要多从自身的角度寻找问题和不足，不能为失败寻找借口，那样对自己的发展没有任何意义可言。

可以通过树立榜样来鞭策自己从而培养坚强的意志。榜样可以是我们自己熟悉的，认为值得学习的具有坚强意志的任何人。这样的榜样可以是一生的榜样，也可以是在某种特定条件下所选择的参照。笔者在17岁的时候，由于太大的体力劳动付出，得了病，全身没有一个关节可以活动，任何一个试图弯曲的动作都会带来强烈的刺痛和极大的全身性痛楚。那时我的感觉是“这辈子可能会残废”，这个想法非常可怕，几乎可以摧毁任何斗志。我想起小说《军队的女儿》中的那个也是17岁的女孩子刘海英，我的病似乎与她在小说中遇到病很相似，但她坚持与疼痛抗争，最后战胜了病魔。我以她为榜样，有了希望，也有了斗志，忍着强烈的疼痛开始试图伸缩手脚。因为全身僵硬，开头所做的任何有关关节的活动都只是思想和意志的活动，而身体则做不了哪怕只是微小的动作。但是，即使是这样的试图活动，身体所感受的疼痛也是巨大的。在强烈的活动希望和意志的支持下，一个多小时之后，我的膝盖可以稍作运动了。虽然这个膝盖的微弱运动带给我刺心的疼痛，但这个成功却让我欣喜，因为我知道，我可以靠自己的意志战胜身体的僵直。于是我继续努力坚持活动腿和手的关节，最后我终于把自己移到了床边，僵直地靠着床沿立起了身体。之后，我继续忍痛活动手和膝盖，让自己勉强地移动脚步。虽然历经了两个多小时我才能打开房门自己走出房间，但这样的成功已让我信心倍增。之后，我拒绝了别人架着我走或者抬着我走的建议，慢慢锻炼，最后花了近两个小时的时间，努力走完了一公里多的路程，到邻村的一个老中医家里进行了治疗，那个老中医那段时间也正好是卧病在床，无法前来诊断。医生说我来得好，有这样的精神，用药应该会产生应有的效果。我能忍痛坚持就是因为有刘海英的榜样作用，她让我感觉到希望和方向。

榜样的作用，是给我们一个目标，一个希望，一个效仿的对象。

坚强的意志不是生来就有的，是通过艰苦的考验磨炼出来的，孟子曰：“天将降大任于斯人也，必先苦其心志，劳其筋骨，饿其体肤，空乏其身，行拂乱其所为，所以动心忍性，增益其所不能。”意志在磨炼中逐步坚强，我们要在学习中努力锻炼和发展自己的意志品质，勇于接受各种艰苦的磨炼，让自己成为一个可以面对命运中各种挑战的意志坚强的人。

第十二章　养成良好的个人性格

一、性格的含义

性格，是心理素质中重要的非智力因素，近年来，关于性格在成功学方面的意义越来越受到人们的关注，随手翻一本有关成功学的书，都不乏对性格的重要性的论述，都十分强调性格对一个人的事业发展的重要性。性格决定命运，有什么样的性格，就会有什么样的命运，要想获得更大的成功，要想改变命运获得成功，就应该从性格的塑造和改变做起。

性格影响学习，通过影响学习的过程影响学习的效果。

心理学对性格的一般定义为：对现实的态度以及与之相适应的、习惯化的行为方式的个性心理特征。

性格是人对现实的态度以及与之相适应的行为方式的心理的反映。人对现实的态度就是对社会、对他人、对自己的看法和评价，这是一个人的世界观、价值观和人生观的综合体现。而这种世界观、价值观和人生观的体现必然会通过自己的行为表现出来，从而会作出一定的取向，采取一定的行为方式。有的人乐观、豁达、热情、勤奋、诚实，而有的人悲观、小气、冷漠、懒惰、奸佞，这些差别就是一个人的世界观、价值观和人生观反映在性格方面的外在表现。

人的性格受到个人的世界观、价值观和人生观的影响，是个人的世界观、价值观和人生观的具体体现，因此性格具有其社会意义的内涵。因为世界观、价值观和人生观的标准具有社会性的评价标准，人的性格也就需要接受社会道德和价值标准的评判。从这个意义上说，性格影响社会对个人的评价，从而会影响个人的事业发展。我们有时说某某人的性格好和某某人的性格不好的时候，就是从社会公共评判标准出发而言的。

同时，性格具有习惯化的性质是一个人所具有的独特的、稳定的个性心理特征。一方面，在个体之间，性格具有很大的差异，即使是双胞胎的兄弟姐妹，其性格也会有所不同。另一方面，对个人来说，性格又是比较稳定的，虽然不会一生不变，但就其自然发展来说，是不容易改变的，我们素有“江山易改，禀性难移”的说法，就是针对性格的稳定性而言的。因此，由于一时一地的处境而产生的情绪对行为的影响，不是个人性格的表现，因为一旦影响因子不复存在，情绪的影响就会消除，原来的性格特点就会继续表现出来。

但是，性格的稳定性也并非是一成不变的，性格既然是个人的世界观、价值观和人生观的综合体现，那么，这些方面的变化也必然会最终反映到性格的变化上来。所以，“禀性难移”所说的并不是不能移，而只是“难”移而已。一些对个人事业和前途发展影响不良的性格成分，只要加以理性的控制，特别是随着人的世界观、价值观和人生观的成熟和改变，性格也是可以改变的。

二、性格的构成因素

人的性格是一个复杂的整体，这个整体由多个方面的内容构成，这些方面相互影响，在不同的个人的身上组成独特的结构模式，组成性格的独特性。这些方面主要包括个人对现实对自己的态度、意志、情绪和理智等因素，这些因素相互影响相互制约，形成了每一个人的独特的性格。

性格的态度特征包括人对现实的态度以及对自己的态度。人们对现实的态度是多种多样的，对同一个事物，不同的人自然有不同的看法，反映到个人的态度上来也会有很大的差异，甚至会完全相反。有的人热爱祖国关心社会，具有很强的社会责任感和义务感，有的人对社会漠不关心，有的人待人诚恳、乐于助人，有的人则对人冷漠、为人自私。这些方面反映了一个人性格方面的对社会对现实的态度特征。在对待工作和学习方面，每个人的态度也差异很大，有的人认真细致，有的人则马虎大意，有人的刻苦耐劳，有的人则拈轻怕重。在对自己的要求方面，有的人正直善良，有的人狡猾恶毒，有的人脚踏实地，有的人投机取巧等。以上这些方面的差异，是人的性格态度特征方面的不同所导致的。

性格的意志特征是个人在调节自己行为的方式和程度上表现出来的心理特征，包括对行为目的明确程度的特征、对行为自觉控制的特征、对自己作出决定并贯彻执行的特征、在紧急或困难情况下表现出的意志特征等。性格的意志特征的具体表现，如行为具有明确的行动目的或者具有很大的盲目性，对自己是严于律己或者放任放纵，在遇到困难时是坚忍不拔或者畏难而退，对事业的追求是刻苦执著还是朝秦暮楚等。

性格的情绪特征表现为一个人在情绪活动中经常表现出来的强度、稳定性、持久性以及主导心境方面的特征。从情绪强度方面来说，表现为情绪对个人的工作和生活的影响程度以及人的情绪受意志控制程度。有人情绪反应强烈、易受环境左右；有人情绪反应微弱、不易受他人情绪的影响。在情绪的稳定性方面，有的人情绪波动很大，有的人情绪起伏很小。有的人其情绪对个人的身心影响时间很长，不易平复，有的人的情绪虽然来势凶猛，但能很快平静，这是情绪持久性的差异。在情绪主导心境方面，主要表现为经常性的情绪状态，有的人精神饱满，乐观开朗，有的人整天萎靡不振，悲观郁闷等。

性格的理智特征指人们在感知、记忆、思维等认识过程中所表现出来的差异。在感知方面，有的人观察细致，有的人观察粗略；有的人观察全面，有的人观察偏颇；有的人观察深入，有的人观察肤浅。在记忆方面，有的人记忆敏捷，过目不忘；有的人记忆缓慢，需要反复多次才能记住；有的人记忆持久，有的人则容易遗忘。在思维方面，有的人善于思维，富有逻辑，有的人则思维混乱，逻辑性差。这些在认知记忆和思维等智力方面的差异，是性格的理智特征的差别。

性格具有个人的独特性，以上的性格的各种特征在不同的人身上会有不同的组合，我们有时候会说某某人具有什么样的性格特点，是从某一个侧面去判断的结果，而这一个性格特征，只能是被判断对象的性格的主要表现，而不是性格的全部表现。

三、性格的分类

在性格的分类上，很多心理学家从不同的角度进行性格类型的分析。性格的类型是指一类人身上所共有的性格特征的独特结合，了解性格的类型可以帮助我们了解一个人性格的主要特点和揭示性格的实质。

以心理机能优势进行性格的分类，是英国心理学家培因和法国心理学家李波特提出来的分类方法，他们根据理智、情绪、意志三种心理机能在人的性格中所占优势的不同，将人的性格分为理智型、情绪型和意志型。理智型性格的人通常以理智来评价周围的一切，并以理智支配和控制自己的行动，他们处世冷静，善于思考。情绪型性格的人通常依靠情绪来对周围的事物进行评估，言谈举止易受情绪影响，他们最大的特点是遇事不能三思而后行，易变，有时会有喜乐无常的感觉。意志型性格的人具有明确的行动目标，他们做事主动、积极、果敢、坚定，具有较强的自制力。这三种典型性格类型是根据性格的心理机能优势进行区分，但实际上大多数人都是不同类型性格的混合类型。

瑞士心理学家荣格则以心理活动的倾向性对性格进行分类，把性格分为内向型和外向型。内向型性格的人处世谨慎，深思熟虑，交际面窄，适应环境能力较差。而外向型性格的人则活泼开朗，活动能力强，容易适应环境的变化。

荣格还根据精神机能对性格进行分类，所谓精神机能是在各种不同条件下，原则上没有变化的精神活动形式，一个人的某种精神机能最突出就属于这种类型的性格。荣格的精神机能分类法把性格分为思考型、感情型、感觉型和直觉型。思考型的人把事物概念化，并理性地进行判断、分析和理解事物。他们考虑问题具有逻辑性，喜欢分析事物的因果关系，作出选择判断和确定真假，不善于感受别人的情绪和表达自己的感情，容易给别人冷淡的印象。感情型的人对事物进行价值判断，进行接受或者排斥的判断，他们容易感情用事，主观性强。遇到事情容易凭个人的好恶标准来判断。感觉型的人往往靠知觉进行判断，所谓知觉通常指视觉、听觉、味觉、嗅觉、触觉，感觉功能强的人往往对客观事物的感觉印象更感兴趣，他们对周围事物很敏感，但他们过于细致，容易犯一叶障目以偏概全的错误。直觉型的人凭直观作出判断。直觉功能强的人往往具有惊人的预言能力，他们能在人熟视无睹的现象中揭示出惊人的意义。

美国心理学家威特金等人根据个体独立性的程度，将人的性格分为顺从型和独立性。顺从型的人倾向于以外在的参照物作为信息加工的依据，他们易受环境的影响，常不加批评地接受别人的意见，应激能力差。独立型的人不易受外来事物的影响，习惯于更多地利用自己的认识作为信息加工的依据，他们具有独立判断事物、发现问题、解决问题的能力，应激能力强。

德国的心理学家斯普兰格则从文化社会学的观点来区分人的性格，把人的性格分为经济型、理论型、审美型、宗教型、权力型和社会型六种类型。经济型的人一切以经济观点为中心，以追求财富、获取利益为个人生活目的。理论型的人以探求事物本质为人的最大价值。审美型的人以感受事物美为人生最高价值，他们的生活目的是追求自我实现和自我满足，不大关心现实生活。宗教型的人把信仰宗教作为生活的最高价值，相信超自然力量，坚信永存生命，以爱人、爱物为行为标准。权力型的人以获得权力为生活的目的，并有强烈的权力意识与权力支配欲，以掌握权力为最高价值。社会型的人重视社会价值，以爱社会和关心他人为自我实现的目标。

从以上的众多的分类方法和所分的性格类型中可以看出，人的性格是一个具有多侧面多层次的一个复杂的整体。这说明，从整体上来说人的性格无论是从组成、表现或者形成因素来说、都是错综复杂，千差万别的。

四、性格的形成和发展

从以上性格的分类来看，人的性格千差万别，这与个人的生理状况和生长环境有关。研究认为，性格的形成受到人的遗传、生理和成长环境的影响，特别是与家庭和学校教育等方面的因素有关。

个人性格的形成与发展有着个体生物学基础，遗传是性格形成的自然基础，它为性格形成与发展提供了可能性。同卵双胞胎的研究表明，即使有些双胞胎姐妹或者兄弟在诞生后就被分开，但其性格上仍有很多共同点。从生物学的角度上看，一个人的相貌、身高、形态特点等方面的生理特征，会因社会文化的评价与自我意识的作用，影响自信心、自尊感等性格特征的形成。同时，生理成熟的早晚也会影响性格的形成。早熟的人爱社交，责任感强，遵守规章制度，容易给人良好的印象。反之，晚熟的人往往凭自我态度和感情行事，责任感较差，很少考虑社会准则。性别的差异也会对人的性格产生影响。一般情况下，男性比女性在性格上更具有独立性、攻击性，具有更强的支配欲和强烈的竞争意识，而女性更具有依赖性，具有较强的忍耐性。

家庭因素对性格形成与发展有重要的影响。儿童出生之后，所接触的最初的教育场所就是家庭，因而，家庭所处的经济地位和政治地位，家长的世界观和价值观，家长对人生意义的理解，家长的教育观念和教育水平、家长的教育态度与教育方式，家庭的气氛等，都会对儿童性格的形成产生重要的影响。儿童从家庭内部获得了人生最初的世界观和价值取向，形成了自身的性格元素，这些性格元素在其后来的性格的形成过程中具有举足轻重的作用，俗话说“有其父必有其子”，实际上就着重说明了家庭对个人性格形成的巨大影响。

学校教育也影响性格的形成。儿童从家庭走向学校，从狭小的家庭环境走向了更大的社会环境，先前受父母影响的很多世界观、价值观和道德准则都可能会发生相应的变化，在家庭内形成的初期的性格特点也开始接受来自其他方面的考验，加上个人自身在学习过程中所体会到的种种道德规则和价值取向，个人的性格也会产生较大的改变。

在个人理性逐渐成熟的青年时期，个人的意志和愿望以及人生的价值取向对性格的最终完善会产生重要的影响。人在不断学习和理性成长的过程中，也伴随着性格的进一步改变。尽管这种改变是很缓慢的，是悄悄地进行着的，但是某一天，你可能会惊奇地发现你的性格产生了很大的变化，你正在变得成熟和完美。因为在这个学习和成长的过程中，你通过对比，通过接受，知道了什么样的性格因素对个人的成长具有好处，什么样的性格因素对个人的成长和事业发展会有负面的影响，也逐步对自己的性格因素以及他人对自己的评价有了了解，在理智和意志的作用下，努力去掉不良的性格因素，努力发扬良好的性格因素，努力去塑造一个完美的自己。而在这种努力之下，个人的性格就悄然地发生着变化。

从性格的形成过程来看，人在两三岁时就具备性格的雏形，表现出个人的兴趣、态度、动机及自我意识。进入小学阶段之后，由于学习了许多新的观念，逐渐构成个人性格的一些重要特点。青年时期个人身体发育成熟，同时也面临着毕业、就业、恋爱、婚姻、独立工作与生活等许多实际问题，从而引起个人在兴趣、动机、情绪、行为等方面的很多改变，使原有的许多性格特征重新组合。青年时期之后，由于个人在各方面都逐步成熟，性格也趋向成熟。

五、培养良好的个人性格

青年时期是性格的塑造期，中学和大学阶段是个性成长最重要的阶段，应该努力去掉不良的性格成分，发挥优良的性格成分，塑造自己的健康性格，为将来的发展奠定良好的性格基础。

性格的因素对学习具有重要的影响，认真细致、勤奋刻苦、脚踏实地等性格对学习具有积极的作用，对个人一生事业的发展也具有促进作用，要努力养成这样有利的性格。相反，马虎大意、拈轻怕重、得过且过、投机取巧等性格则不利于学习，也不利于人生的发展。

印度有句谚语是"播种行为收获习惯，播种习惯收获性格，播种性格收获命运"，要想塑造个人的良好的性格特征，就要从日常行为上入手，形成良好的习惯，逐渐形成良好的性格特征。

要形成良好的性格，首先要确立积极向上的人生观。人的性格的形成受世界观、价值观和人生观的影响，确立积极向上的人生观，有坚定的人生信念，性格就会自然而然地受到熏陶，表现出乐观、自信、坦荡、坚强等良好的性格特点。

要去掉原先不良的性格成分，发挥优良的性格成分。形成良好的性格，就必须要先了解自己的性格特征，明白哪些方面是应该发扬的，哪些方面是应该要改变的。俗话说"人贵有自知之明"，如何正确了解自己和评价自己是人生的一个最重要的课题。实际上，在建立正确的世界观和人生观的基础上，利用公共道德评价体系对个人的性格特点进行理性的分析和评价是形成良好性格的最重要的一步，了解自己，才能再造自己，才能重新塑造出一个更完美的自我。

要用意志和毅力去养成良好的习惯。性格的改变并非是一件容易的事。有不少人知道自己性格的弱点是什么，例如懒惰、怕困难等，很多人也明白这些性格特点对人生的成功是致命的，但往往无法克服。改变一种不良的习惯，建立一种良好的习惯，需要意志和毅力的参与。大学里，很多学生喜欢在周末睡懒觉，慵懒地躺在床上随意地胡思乱想，尤其是在冬天寒冷的早上，睡在温暖的被窝里的确是一件很惬意的事。但这是一种十分不好的习惯，假以时日，就会摧毁意志，助长惰性。要克服这种习惯，就需要利用意志的力量去加以克服，需要你在应该起床的时候，毫不犹豫地一骨碌地起床，做自己应该做的事。这种行为在多次重复之后，睡懒觉的习惯就会被改变。

性格是一种习惯化的行为方式的个性心理特征，虽然改变起来比较困难，但假以时日，也是可以产生本质的变化的。行为心理学的研究表明，21 天以上的重复会形成习惯，90 天的重复会形成稳定的习惯。因此，只要能坚持去做，改变一种不良的旧习惯，养成一种良好的新习惯大约也只需要两三个月的坚持。

因此，实际上改变一种不良的性格因素并非想象那么困难的事，说“江山易改，禀性难移”虽然是说其难，但也是承认其是可以移的，不过难些罢了。

中学和大学是人生观、世界观、价值观不断发展和定型的时期，所有的性格特征都在这个时期的习惯化行为中慢慢养成，在这个过程中，应该努力有意识地改变一些不良的性格因素。良好的性格因素的养成会对学习产生促进作用，而学习的促进又会反过来促进良好性格的养成，使自己进入一个良性的发展循环中。

其实，很多中学生在高考之前，是具有很多良好的性格因素的，如自觉、勤奋、刻苦、细致，等等，但在进入大学之后，可能由于一时的迷茫，这些优秀的性格因素就被改变了，这样的改变往往是由于追求的目标的迷失所造成的，逐步认识之后，性格的良好因素也是可以重新养成的。

性格是人生成功的最重要的非智力因素，性格决定命运，有什么样的性格就会有什么样的命运。要重视培养自己良好的性格，在学习和智慧的发展中，不断地认识自我、改变自我，让自己的性格得到不断完善。

第三编　理性地学习

第十三章 科学地记忆

一、记忆是学习的基础

伴随着生命的诞生，人开始有了记忆。俄国神经生理学家谢切诺夫曾经指出：“记忆是整个心理生活的基本条件。”可以说，因为有了记忆，人的一切与知识有关的活动才成为可能。

从人的个体来说，记忆是个人知识积累、能力和智力发展的必要条件。孩提时代人们就开始运用记忆，牙牙学语和蹒跚学步就是记忆的积累和运用的结果。有了对字的形声义等方面的综合记忆，我们才能进行阅读和理解，才能使自己的认识能力得到更快的提高。从小学到中学再到大学，我们学习了很多课程，看了许多书，知识也有了一定量的积累，有了自己对一些事物的见解，有了自己好恶取舍的判断和兴趣爱好的取向，这些都与大脑的记忆有关。

记忆是学习的最基本条件。信息处理学习论认为，没有记忆就没有学习。

从我们自身的成长来看，记忆的重要意义也很容易认识。

在识字阶段，字是一个一个地认，一笔一笔地写，不仅要记住它的读音，还要记住它的写法，更要记住它的用法和规则。在学习中，我们不但要记住许许多多的定理定律、法则规则，还要记住许许多多的结果结论之类的东西。记忆是学习过程的重要心理活动。记忆效率方面的差异，是每一位学习者学习效果差异的重要原因。

如英语学习，学过英语的人都知道，在学习过程中，记忆的重要性远比其他学科要显著得多。学外语最重要的应该是过词汇关，单词需要一个个地记，介系词和词组也要一个一个地记住，过不了词汇关，你就不可能学好英语。在课程学习上，很多人花了许多的时间进行外语学习，但效果并不见得很好，但也有的同学似乎并没有花太多的工夫，考起试来却得心应手。这样的差异来源于记忆效果的差异。

我们知道，记忆与记忆力有关，这是我们在前面的章节中讲过的内容，记忆力具有个体因素，有个人的特征。但是，一个人的记忆学习效果也不完全取决于记忆力的因素，也与记忆方法的科学性有关。即你的记忆方法必须符合记忆的规律，否则记忆就可能事倍功半，甚至没有什么效果。很多学生其他课程的学习成绩较好，但英语可能会相差很远，这是因为他的记忆方法不符合记忆规律所致。

不同的人虽然记忆力有所差异，但就记忆过程来说，记忆具有许多相同的共性，即无论你的记忆力品质如何，记忆都有其相同的规律。

了解记忆的规律，按照规律进行记忆，才能提高记忆的效果，从而提高我们的学习效果。

二、记忆的过程

记忆是一种重要的心理活动，是人的大脑接受信息、加工信息和储存信息的过程，包括识记、保持和再现三个阶段。了解这些阶段的特征，对我们采用合适的学习记忆方法，会有一定的帮助。

识记是把某种信息留在脑内的心理活动。我们在学习过程中会接触到各种各样的信息，这些信息通过我们的感官接收，刺激大脑细胞，就会在大脑细胞里留下标识，这就是识记的过程。

保持则是把通过识记而获得的信息保留在大脑里的心理活

动。以信息论的描述，就是把识记输入的信息在大脑神经系统细胞中进行编码和储存。保持是识记的延续，是人们通过感官所接受的信息能够长时间地留在大脑中的重要过程。

经过保持的信息，可以或长或短时间地存在于大脑中，以便我们加以利用。当需要时，通过大脑神经系统的组织和提取，这些信息就会在大脑中重现出来，这个过程就是再现。从信息论的观点来说，再现就是把贮存的信息进行提取。

在记忆的三个阶段中，每个阶段的作用对学习都十分重要。识记的阶段，通过阅读和听课等学习活动所得到的信息（知识），通过感官输入，对大脑产生刺激，产生记忆的识记。这个识记过程是很短的，大脑对这些输入的大量信息进行识别处理，需要保持的就进入保持阶段，不需要保持的有些就会很快被遗忘。

三、艾宾浩斯遗忘曲线

遗忘是保持的对立面，保持过的信息，有些可以终生保持，而大部分会很快被遗忘。德国心理学家艾宾浩斯（H. Ebbinghaus）对遗忘作了系统的研究，并揭示了遗忘和时间之间的关系。他通过自己做的记忆实验，记忆一些没有意义的音节，即一些不能组成单词的字母组合，然后在不同的时间测验自己对这些音节的保持率，得到了一组记忆与时间的关系数据（见表1）。

表1　记忆与时间的关系

时间间隔	记忆量（%）
刚刚记忆完毕	100
20分钟之后	58.2
4小时之后	44.2
8~9小时之后	35.8

（续上表）

时间间隔	记忆量（%）
1 天后	33.7
2 天后	27.8
6 天后	25.4
1 个月后	21.1

如果用横坐标表示时间，用纵坐标表示记忆的量，那么艾宾浩斯的时间与记忆量的关系曲线将是一条典型的衰退曲线，即著名的“艾宾浩斯遗忘曲线”。遗忘曲线的形状大抵如图 1 所示，随着时间的推移，遗忘量越来越大，记忆的保持量（保持的比率）越来越低。

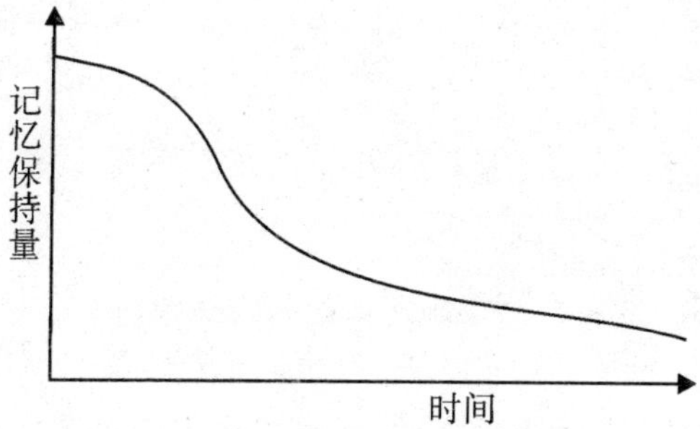

图 1　艾宾浩斯遗忘曲线示意图

从示意图中可以看到，随着时间的增加，记忆信息的保持量呈衰退状态。在记忆之后的最初的时间里，记忆保持量保持在最高的水平，但随后，遗忘很快，大部分信息很快被遗忘，再后遗忘慢慢减缓，曲线趋于平缓。这是“艾宾浩斯遗忘曲线”的一般形状。

四、艾宾浩斯遗忘曲线的特征

如果我们把艾宾浩斯曲线的记忆衰退过程进行进一步的细分，可以得到几个对记忆有重要参考价值的特征：记忆信息的最初保持量、维持时间、记忆信息的最终保持量以及遗忘速度等，如图 2 所示。

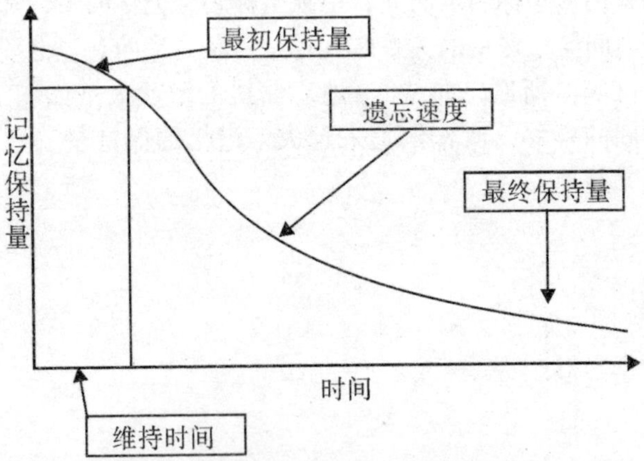

图 2　艾宾浩斯曲线的几个重要特征

记忆的最初保持量是我们在学习过程中需要注意的一个特征，这是记忆信息保持得最高的阶段。而这个阶段往往只能存在一段很短的时间，这个时间我们称之为维持时间，是在记忆之后到记忆信息明显下降之前的一段时间。经过维持时间之后，记忆信息的遗忘很快，进入艾宾浩斯曲线的中段部分。这个遗忘速度也是学习的应该注意的一个重要特征，科学的学习方法就是延缓和降低遗忘速度。记忆的最终保持量是学习所得到的最终记忆信息，我们学习就是希望这个保持量变得更大，最理想的情况是记忆能克服遗忘而使最终保持量与最初保持量相当。

对所学习内容的印象的深刻程度影响艾宾浩斯遗忘曲线的上

述各特征的量值。对学习内容的印象越深刻，记忆的最初保持量就越高，维持时间就越长，遗忘速度就越慢，最终保持量就越大。

艾宾浩斯遗忘曲线只是一个有关记忆与遗忘关系的一个典型曲线，以上所说的这几个特征数值，因人而异，因种种与学习相关的因素而异。

艾宾浩斯遗忘曲线的几个特征值与记忆的材料有关，例如无意义的音节（不成单词的字母组合）维持时间最短，遗忘最快，而诗歌的记忆要比散文的记忆维持时间更长，其遗忘速度相对较慢。因为人脑无法理解无意义的音节，而诗之类的有意义的文字，人脑可以理解。因而，衰退曲线的遗忘速度实际上与是否理解有很大的关系，越是容易理解的东西其遗忘速度越慢。

艾宾浩斯遗忘曲线的遗忘速度也与记忆者个人的特点有关，每个人在学习过程中都有自己的记忆特点，其记忆习惯和记忆方法可能差别很大，因而其个人的艾宾浩斯遗忘曲线的遗忘速度也有很大的差异。机械记忆所得的记忆信息容易衰退，而联想记忆的信息则能保持得更持久。

记忆保持量的最终程度也因为个人以及记忆的材料等方面因素的影响而有所不同，有的人在某些材料上的最终记忆保持量可能很大，但在其他材料上则可能很低，甚至会全部遗忘。同理，对相同的记忆材料，不同的个体之间记忆的保持量也会有很大的不同。

记忆也与个人的偏爱和兴趣有关，感兴趣的东西记忆特别牢固。每个人可能都有自己的记忆偏好，有些人对诗词记忆特别好，有些人对数字记忆特别强，有些人则特别能记住音乐旋律，等等。

在学习上，我们要特别注意，记忆学习信息的开始阶段非常重要，加深信息开始的印象，就能延缓遗忘，就能比较长时间地保持记忆。

五、记忆的信息特征

根据大脑记忆信息的特征，可以把记忆信息分为三种类型，即瞬时记忆（感官贮存）、短期记忆和长期记忆。这三种类型是记忆信息的不同阶段，这些类型的记忆都可以通过记忆活动加以增强，或者遗忘消失。利用图形表示这三种类型的记忆信息的关系，则如图 3 所示。

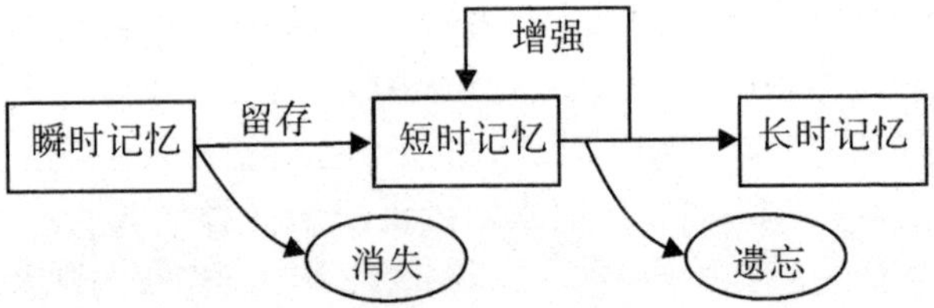

图 3　记忆信息的三种类型及其关系

感觉贮存是记忆的最初状态。当外界事物刺激感觉器官后，会引起感觉印象，造成最短暂的记忆，为瞬时记忆。瞬时记忆的维持时间很短，计时单位是毫秒。这种瞬时记忆是一种感官印象，其信息量非常大，在日常生活中，我们的感官所受到的任何刺激，都产生这种感官印象。但是，这些印象绝大部分很快消失，而只有一小部分留存下来。

留存下来的一小部分瞬时记忆被保持在大脑里，成为真正的记忆。最初的记忆是短时记忆，时间大概只有一二十秒钟。短时记忆也会有两个走向，遗忘或转成长时记忆。短时记忆只是瞬间记忆的一个暂短的再活跃阶段，在大脑细胞中保持稍长的一段时间，在这段时间里，如果不再进行刺激增强，就很快遗忘，但是，如果这部分瞬间记忆能够适当加以刺激增强就会成为长时记忆，在大脑中保持更长的时间，甚至永远不会遗忘。

长时记忆是记忆的最高级状态，是记忆的主要形式，短时记忆经过大脑的组织和系统化，与原来的一些相关记忆共同贮存，就延长了记忆的维持时间，进入长时记忆。长时记忆只是时间比较长，其记忆的走向也有两个方向，一是得到加强而继续保持，另一个走向就是没有得到加强而被遗忘。

短时记忆进入长时记忆这个阶段是学习记忆的重要阶段。实践表明，在短时记忆时要不断地进行刺激增强，短时记忆就能进入长时记忆。因此，反复的学习刺激对增强学习的记忆效果非常显著。

有研究认为，记忆在人的大脑中的贮存是按不同的编码方式进行的，短时记忆多是按声音编码，而长时记忆多是用意义编码。无论是什么形式的编码，记忆的信息的联系都是多向型相互联系的。因此，把很多相关的内容加以联系进行记忆，可以提高记忆的效果。例如，把一个物理公式与另一个相关或相似的物理公式联系起来记忆，把微分公式与积分公式联系起来记忆，根据英语单词用共同词根进行记忆，这样就可以大大地减少遗忘，提高记忆的效果。

记忆的信息是有强度区别的，有些记忆很清晰，容易忆起，有些记忆则很模糊，要清楚地忆起就相当困难。

如何增强记忆信息而使之成为长期记忆，这是有关学习效率的一个重要的技术问题。

六、记忆信号的增强

如果我们从记忆信号的强度衰退过程进行考虑，结合艾宾浩斯遗忘曲线的衰退过程，可以得到一条与艾宾浩斯遗忘曲线形状相似的记忆信号强度衰退曲线（见图4）。

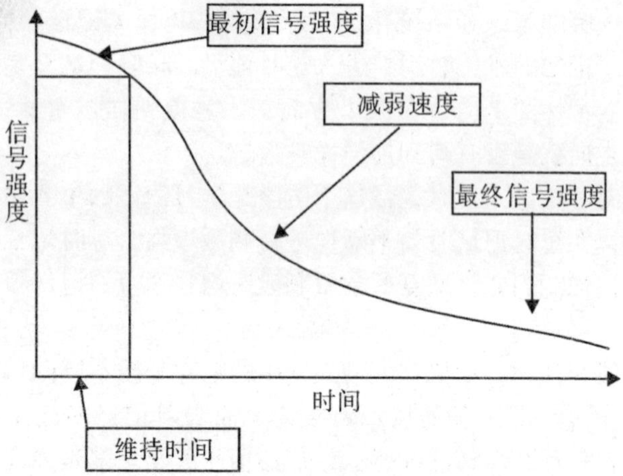

图4　记忆信号衰退过程示意图

同理，可以获得记忆信号的最初强度、最终强度、维持时间和衰退速度几个特征。

这个记忆信号过程与艾宾浩斯遗忘曲线可以同理理解，记忆的信息由于其信号强而没有遗忘，而遗忘的出现则由于其记忆信号强度衰退，如果信号衰退达到一定的程度，就会遗忘。

从记忆信号强度的变化过程，我们来讨论学习过程中的记忆信号增强的方法。

笔者是从事微生物学研究的，曾经做过一段时间的动物免疫（抗血清）研究，动物的免疫试验可以帮助我们更好地对记忆信号强度和它的维持时间进行理解。

动物免疫实际上是利用抗原进行动物接种以使受接种的动物产生抗体，从而可以抵抗相应疾病的方法。我们最熟悉的可能就是接种乙肝疫苗使自己获得抗乙肝的能力。动物在进行免疫接种产生了抗体之后，抗体的效价（滴度）变化是一个衰退过程，我们参考艾宾浩斯遗忘曲线的形状进行分析（见图5）。

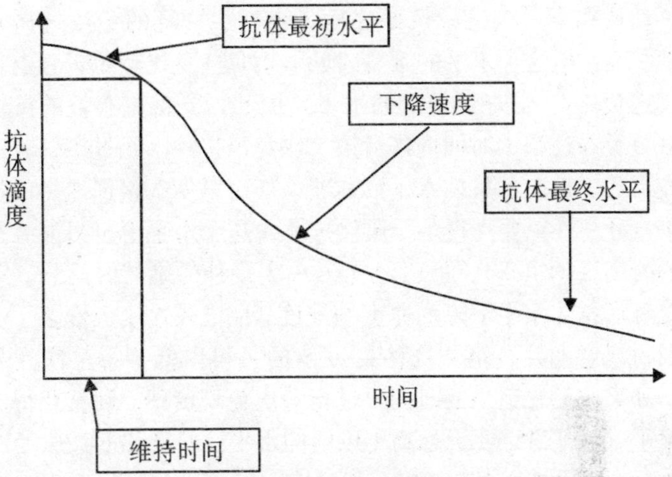

图 5　动物免疫抗体水平的衰退动态示意图

利用抗原注射动物以获得免疫抗体的方法是通过多次免疫刺激来实现的。一般是在第一次注射之后的适当时间进行第二次注射，第二次注射之后的适当时间再进行第三次注射，例如乙肝免疫，采用的就是三次接种的方法，第二针与第一针间隔为 1 个月，第三针与第二针间隔为 6 个月。

以三次免疫为例，我们可以把其基本结果用表 2 列出，对几个主要物质特征的量进行比较，同时增加了一个免疫抗原量，以进行全面的比较。

表 2　动物免疫试验抗体反应特征值的比较

	免疫抗原量	抗体最初水平	维持时间	下降速度	抗体最终水平
第一次接种	大	低	短	快	低
第二次接种	小	高	长	慢	中
第三次接种	小	更高	更长	更慢	高

动物在第一次接种抗原之后，会产生一定的免疫抗体水平（水平1），但这个水平的维持时间（时间1）比较短，衰退得很快（速度1），下降到很低的水平。因此，要维持有效的抗体水平，就要在适当的时间内进行第二次免疫接种。经过第二次注射免疫之后，产生的抗体水平（水平2）比第一次接训产生的抗体水平（水平1）要高得多，虽然抗体在这个水平上也只能维持一定的时间（时间2），但已经比第一次接种的维持时间长。第二次接种后抗体水平下降的速度（速度2）已较速度1慢多了。并且值得注意的是，第二次注射疫苗的量可以低于第一次注射的量。如果我们在适当的时间再进行一次免疫接种，则其获得的抗体水平（水平3）要远远高于以前的水平，并且其下降速度（速度3）也要比速度2和速度1慢得多，因而抗体可以在很长时间（维持时间3）内保持在有效的免疫抗病水平，而且，其注射量也可以比第二次的注射量更低。

用数学不等式来表示三次接种相关特征因素的关系，可以写成：

$$\text{水平}3 > \text{水平}2 > \text{水平}1$$

$$\text{速度}3 < \text{速度}2 < \text{速度}1$$

$$\text{时间}3 > \text{时间}2 > \text{时间}1$$

显然，经过三次接种之后，抗体水平达到的水平最高，其下降速度最慢。而且保持的时间也最长。

人们注射乙肝疫苗时，一般是第一次注射疫苗后一个月后再注射第二次，六个月后再注射第三次，这样获得的抗体水平，可以维持的时间长达5年以上，有的甚至可以终生都具有免疫抗体。因此，在进行了三次免疫接种之后，可以在5年左右的时间再进行一次加强免疫，就可以获得稳定免疫效果。乙肝抗原注射，第一次为20~30微克，而第二次之后则为10微克左右，接种量大大减少。

免疫接种的间隔时间要适当，不能过久，如果在抗体水平快速下降之前进行加强接种，其放大作用会更明显，如果待抗体下降到很低的水平再进行加强接种，其效果会差得多。

根据以上的免疫信号增强的规律，学习内容的记忆也可以参照这样的过程进行加强，即是在初次学习之后的适当的时间内，进行重复学习，以增强大脑中的记忆信号，以降低遗忘速度，提高记忆信号的保持水平和维持时间。

七、根据信号增强规律进行记忆

根据前面的记忆和遗忘规律，参考动物接种免疫的方法，我们对增强和保持学习内容的记忆就有了可行的方法，那就是合理地进行重复学习和科学地分配每次学习的时间和间隔，这样，我们的记忆就会变得简单，学过的知识就能保持得更牢固、更持久。

在重复学习的过程中，第一次学习过后，要在适当的时间内进行第二次学习（复习），以增强记忆信号，延缓记忆下降，延长记忆的维持时间，减少遗忘。同时，如果再在适当的时间内再进行第三次复习，记忆就会更牢固。

在学习和复习的时间分配上，学习的时间要长一些，以理解为度，因为理解可以增强记忆信号，延缓遗忘速度，复习的时间可以短些，恢复补充记忆就可以了，匆匆一览就能收到效果。

有不少人总结了学习的经验，其学习和复习的过程就如我们前面所谈的免疫信号的增强过程。如文学家、漫画家、翻译家丰子恺先生在学习外语的时候，总结了 22 遍读书法，就是通过多次复习来提高记忆效果的。

丰子恺在学习俄语时，一篇文章每读一遍就在题目旁边画一笔，一遍一笔，读了 22 遍后就写成了一个繁体的“读”字（讀）。这二十二遍不是一气读完，而是分四天进行，分配是第一天读 10 遍，第二、第三天各读 5 遍，第四天读 2 遍，在这个时间里，也同时学习新的课文。这样，每一课分四次读了 22 遍之后就记会了。

外语是很多大学生的困难科目之一，原因大概就是其需要记忆的东西太多，且很容易忘记。笔者是大学时才开始学英语的，为了攻克它，花了不少时间去记忆，后来发现分次记忆和重复学习方法很有效，两年多时间下来，积累了必要的词汇量，后来考研、考博、考托福、考雅思都很顺利，全得益于大学时对词汇的有效记忆。

笔者记词汇的方法是：第一天晨读时新记会 20 ~ 30 个单词，第三四节课间时匆匆看一遍，下午和晚上各看记一遍。因到了下午和晚上，有的单词已经忘记了，需要重新记学，没有忘记的只看一遍，记起就行。第二天早上及晚自习再过一遍。这一天即使一时忘记了，写不出来，但在再看的时候，会忆起。第三天过一遍。第五天过一遍。再过一周及一个月左右各过一遍。这样，即使有部分忘记了，每年也能积四五千个词汇，坚持两年，词汇关就已无大碍了。当然，在后来的学习中有时还要记些单词，但都是个别的，已无必要像最初两年一样强记单词。

我们从前面的关于记忆力的内容中可以知道，不同的人的记忆力不同，表现在记忆方面的特点就是艾宾浩斯遗忘曲线的几个特征的数量差异，从而导致记忆信号强度的差异。因而，对于重复记忆方法，会有个人的特点，不能照搬别人的记忆方法来进行自己的学习，要自己进行一定的探索来了解自己的特点，以进行最有效（省时高效）的记忆学习。

同时，也要注意不同的记忆材料其记忆曲线的特点（如记忆保维时间和衰退速度等）也有差异，其最佳的增强记忆的时间间隔也会有差异。

根据个人在不同材料（科目）上的记忆特点，合理分配初次学习、重复学习时间和时间间隔，就能有效地提高自己的记忆效果。

八、提高记忆效果的方法

在学习过程中，具有良好的记忆效果是提高学习效果的重要途径，除了需要根据艾宾浩斯遗忘曲线特点合理安排重复学习之外，最好能配合其他一些方法进行记忆，这样就能更有效地提高记忆的效果，从而降低重复学习的次数和延长重复学习的时间间隔。

综合文献和网络材料，以下记忆方法值得我们在学习中加以借鉴。这些记忆方法包括：朗读背诵记忆法、交谈记忆法、大脑两半球记忆法、列表记忆法、谐音形象记忆法、复习记忆法、口诀记忆法、奇特联想记忆法、特征记忆法、交替记忆法、分布记忆法、测验记忆法、系统记忆法、比较记忆法、概括记忆法、协同记忆法等，这些方法都可以方便记忆。在根据艾宾浩斯曲线进行科学记忆时，辅以这些方法，可以更好地加强记忆的持久保持。

朗读背诵记忆法是指在学习时一遍接一遍地反复朗读，直到熟读，这种记忆方法叫背诵法，特别适合于诗词和外语的记忆。对于中小学生来说，在晨读时反复地朗读课文以达到熟记的目的，是常有的事，如在朗读过程中加入背诵，记忆效果会更好。

交谈记忆法是指与同学一起讨论交谈的记忆方法。交谈的过程能使自己的记忆加深，并增强记忆的准确性和持久性，在交谈过程中，已有的记忆在自己的回忆中再现，印象更深，更易于以后的回忆。

大脑两半球记忆法是指用左右两半脑共同记忆的方法。大脑的左右两半脑在记忆中的分工是不同的，左脑控制语言、逻辑思维和理性，右脑掌管着创造性和直觉。两个半脑相结合一齐进行记忆，记忆效果就会更好，在学习过程中，不能只靠左半脑进行文字逻辑记忆，而要在文字逻辑记忆的同时按照所学的内容进行形象思维，利用右半脑的形象记忆来辅助。在记忆的过程中，除了记住文字和抽象逻辑内容之外，还要把文字和内容转变成图像，在大脑中像放电影一样一幅幅地映过，这样才能同时使大脑两半球结合起来记忆，记忆效果才会大大提高。

列表记忆法是把学习的内容材料通过用表格的形式联系起来，如内容一览表、比较表、统计表、关系表和系统表等，有助于记忆。在大学学习中，很多同学喜欢把学科的内容整理成表格的形式，这样把学习的内容整理成前后有类、左右对应关联的形式，同时还列上以前学习过的相关内容进行比较，这样可以调动大脑记忆过程中的逻辑关联，可使记忆更快、更持久。

谐音形象记忆法就是把有些知识按照其同音汉字去理解，使原来无意义的音节变成有意义的词句和图像来进行记忆的方法。例如第一宇宙速度、第二宇宙速度和第三宇宙速度分别每秒钟7.9、11.2和16.7千米，数字记起来有些困难，如果用谐音记忆就好得多："吃点酒，（再）要一点啊，一路吃"，想象自己是宇航员，也是酒徒，上飞船之前先吃点酒，再要了一点，准备在飞行的路上一路吃。这样，干巴巴的数字就成了一幅有趣的画面，很快就能记住了。

复习记忆法是指借助复习以加强刺激的信号强度，帮助记忆的方法。在学习过程中，经常复习对于加强记忆十分必要，这就是前面谈到类似动物免疫试验的记忆信号增强的方法。

口诀记忆法是把一些要记忆的内容编成口诀来帮助记忆的方法。口诀记忆法可以把要记的内容全部变成口诀来记，如把圆周率3.14159，编成口诀"山巅一寺一壶酒"就很容易记住，这与谐音法相似。口诀记忆法还可以把一些有提示意义的部分编成口诀来记，如把长诗的句首字连起来记，就有助于全诗的记忆。例如刘禹锡两次游玄都观的七绝，"紫陌红尘拂面来，无人不道看花回。玄都观里桃千树，尽是刘郎去后栽"和"百亩庭中半是苔，桃花净尽菜花开。种桃道士归何处，前度刘郎今又来"，把句首字联成两个四字句就是："紫无玄尽，百桃种前"，这句话可以作这样结合诗意的解释："以前的大红大紫没有了（紫无），玄都观也不再是以前的玄都观了（玄尽），但这里以前种有百亩桃花（百桃种前）”，这样就给了自己记忆的提示，记起来就好得多了。编口诀不仅可以用句首字，也可以使用句中的字，只要容易成句就好。再以刘禹锡的另一首诗《西塞山怀古》为例，原诗是：“王浚楼船下益州，金陵王气黯然收。千寻铁锁沉江底，一片降幡出石头。人世几回伤往事，山形依旧枕寒流。如今四海为家日，故垒萧萧芦荻秋。”取句首字的八字口诀是“王金千一，人山如故”，若记成“王金千片，世形如故”，记忆的意思是“花了很多钱，没有什么改变”。有时候，为了更好地记忆，还可以再从每句中抽一个字组成另一句口诀“船王铁石，伤枕为秋”，“铁石之心的船王，也为秋天伤心得泪湿枕头”，与前面口诀一起记，就非常容易了。实际上这样的口诀除了字数少些之外，也并非十分易记的，但是，有了口诀，在回忆的时候可以与原文相互联系，或者各记得一部分就可以全部记起来。

奇特联想记忆法是把一些没有规律的内容用奇特的联想方法联想成一个特别的图像来帮助记忆。例如，要顺序记住“白马、月亮、高山、大海、雄鹰、大炮、苹果、猴子、沙漠、鳄鱼、狂风、岩石、牦牛”这十三个风马牛不相及没有任何规律和关系的词时，最好用奇特联想记忆法帮助记忆。想象你骑着一匹白马，在有月亮的夜晚，飞越了高山，跑到了大海上方，看见一只雄鹰叼着一门大炮，大炮打出了一只苹果，击中了猴子，把猴子打到了沙漠上，鳄鱼正想过来大饱一餐的时候，突然狂风大作，把猴子吹到了岩石上，结果让刚好过来的牦牛吃掉了。这幅图很荒谬，但却能让你很快地按顺序记住了这十多个没有联系的词，并且会经久不忘。奇特记忆经过个人的创造，特别容易记忆，对于一些我们需要长期记忆的东西，也可以利用这个方法，编出的图像越有趣，记忆的时间就越长。

特征记忆法是利用学习内容的特征来辅助记忆的方法，特征记忆法便于记忆数字，如电话号码、年代等等。据说有人告诉爱因斯坦一个电话号码 24361，说电话很难记，请爱因斯坦用笔记下来，爱因斯坦说："这有什么难的？两打十九的平方。"因为数字24刚好是两打（12个为一打），而361则是19的平方。笔者以前有个朋友的电话为38222121，记忆为：妇女节，三只鸭子走正步。在日常生活中，很多数字可以用这种方法进行记忆。

交替记忆法是把不同性质的识记材料按时间分配、交替进行记忆，比对于利用很长的时间记忆同一门课程的材料，效果要好。这是因为长时间记忆同一类型的材料时，脑神经接受的刺激过于单调，容易疲劳，注意力不容易集中，不利于记忆。

分布记忆法是指在不同的时间段进行多次记忆的方法。大脑对信息进行识记时，需要一定程度的刺激才能从瞬时记忆进行短时记忆和长时记忆，需要增强记忆信号就要在同一时间内多进行几次刺激，但是，刺激达到一定的程度之后再重复刺激时，其信号增强不大，从时间的投入来看不太合算。分布记忆法就是把记忆材料的时间分配在不同间隔的时段时，总体效果更好。丰子恺先生"22遍读书法"就是分布记忆法。

测验记忆法是指通过自己测验自己或者通过别人测验自己来增强记忆的方法。学生们都很熟悉这种方法，在考试前常常对着复习材料自问自答或者两个同学一起一问一答来测验自己掌握的程度，也同时巩固已有的记忆。

系统记忆法是指按照科学知识的系统性，把知识按照其逻辑关系理成章节来进行记忆的方法。这种记忆方法注重知识之间的逻辑和整体关系，形成知识点之间的相互提示，整体记忆。

比较记忆法是对相似而又不同的材料进行比较分析，列出它们的异同之处，以方便于记忆。这种记忆方法最适合于同类别中不同个体特性的记忆。

概括记忆法是对需要记忆的材料进行总结提炼、抓住关键内容和逻辑关系来记忆的方法。这种记忆法常常可以给我们回忆的提示，如"三纲五常"、"四书五经"、"一个中心两个基本点"、"三个代表"和"八荣八耻"等，都是人们约定俗成、寓意鲜明、容易引起回想的记忆方法。

协同记忆法是指运用多种感觉器官来共同进行记忆的方法。记忆的最初信号是由眼、耳、舌、鼻和皮肤等感官感知，得到瞬时记忆之后再进入短时记忆和长时记忆的，利用视觉、听觉、味觉、嗅觉、触觉共同参与的记忆方法叫做协同记忆。运用协同记忆法要根据记忆的对象的具体情况，创造条件，调动视觉、听觉等感觉器官一起发挥作用以加深记忆。

记忆是学习的基本条件，记忆的效果对学习的效果十分重要，不管一个人的记忆力如何，在记忆过程中都要创造条件，使自己在学习的过程中能更敏捷、更准确、更持久地记忆和保持信息以提高学习的效果。

第十四章　学习的三重目的

一、学习目的的多重性

从一生的学习来说，我们的学习目的是多重性的，即使是以升学为主要目的的中学阶段的学习或是大学的专业学习，其学习目的也具有多重性。认识学习目的的多重性，有利于我们在学习的过程中超越学习的功利目的，更有效、更有意义地学习。

以大学的专业学习为例。从一般的看法来说，专业学习的特点是专，是为了一定的应用范围而展开的学习。所谓专业，就是一定的应用范畴内的应用技术的集合，当然，还包括其理论基础。但我们在学习的过程中往往太在乎它的实用性，而忽视了其他的学习目的。

大体说来，我们的学习至少包括三重目的，这就是功利性、道德性和人格性的学习目的。学习目的的多重性，要求我们在学习和发展过程中，重视高层次的学习目的，克服低层次的追求，让自己在学习过程中发展得更全面。相反，如果我们只重视低层次的功利性的学习目的，围绕知识和学科的功用性开展学习，学习就必然会越走越窄，效果会越来越差，甚至到了最后，开展学习越来越难。

二、功利性的学习目的

功利性或功用性的学习主要注重学习对象的有用性，即学习的收获可以用来改造自然和利用自然，或者至少应该是可以用来完成一定的事情，再或者，就是能为个人的名誉地位和功名利禄发挥作用。这是学习的直接目的，也是学习的最低层次的目的。

学习需要在功用性的目的上下工夫，这是学习首先要解决的问题。认识文字，是为了用来读书写字，学习驾驶汽车是为了驾驶汽车，学习算术是为了解决运算问题，这是很自然的。

不过，就大多数人而言，这个层面的学习目的也没有落到实处，学习成为虚无之物。如接受过高等教育的家庭主男主妇，在市场上算不清小小的算术问题，学过电工课程的成人对电器不敢触摸，等等。在这些人的身上，学习成了应付考试的过程，学习的效果就是一张试卷，考完了，学习的意义就彻底结束了。

这样的现象非常多，甚至很普遍，因为作业，因为考试，把学习的最基本目的都忽视了。作为学习的最原始的目的，其功利性就是知识的应用，我们必须加以重视。

当然，学习过的东西不一定都能应用，但是，在需要应用的时候，就需要做到耳熟能详，至少，要有比较清晰的印记。

三、道德性的学习目的

道德水平的学习超越学习的功用性，学习不完全是为了满足人做事情的需要，而是从更高的社会需要的层面上去完善自己。人是一种社会性动物，在人类社会里，社会通过好坏、是非善恶等道德标准去判断一个人的道德水平，从而确定其人的可接纳性。因此，要想在社会上取得成功，我们不仅要学会做事，更重要的是做好事，做善事，做对的事。打个比方，一个人学会了开锁，如果他用这个技术去做入室盗窃之类的勾当，那肯定是社会所不容的，必将沦为罪犯，受到法律的制裁和道德的谴责。但是，如果他用来服务社会，为丢失钥匙的人去开门服务，那他所做的事就符合社会道德标准，他本人就会受到人们的欢迎。

学习需要在道德的水平上下工夫，学做一个好人、一个善良的人、一个为社会广泛接受的人，是学习的第二重目的，这是在功用性目的之上的进一步提升，一个人需要有做事的能力，但同时也必须是社会所承认的做事能力。我们在学习的过程中，要从学习的内容中，从社会的普遍规范中，学习和认识社会的公共道德和价值标准，并以此来要求自己，约束自己的行为，做一个适合于社会需要的人。

道德性的学习目的的范围可以很广，但对我们来说，最基本的应该是责任和使命。责任是一个人的家庭责任和社会责任，这是我们在学习中需要明确的，需要认识的，需要建立的。目前，许多中学生无心向学，旷课逃学，大多数的原因在于对自己的家庭和社会责任没有基本的认识，一旦在这个方面有所认识，很多学生就能浪子回头，学习就会有明显的进步。使命则比责任更高一层，如果说责任只是应该或者是必须承担的，使命就有自觉的成分，不仅仅是安身立命，更重要的在于发展，在于推动社会向更公平、更平等、更自由的状态发展，这是历史赋予给每一代人的使命。

可以说，当今社会道德水平的下滑已经到了惊人的地步，很多人对社会已经没有了责任，没有了历史使命，人的私欲极度膨胀。贪污腐化，以权谋私，弱肉强食，恶俗横流，以丑为美，物质至上，无视善恶已经使社会到了令人忧虑的地步。在国内，这几年发生的种种假药案、有毒食品案等，一批接一批的无良案件，集中体现了一个良知的问题。这些假药毒食品的制造者，难道他们不知道他们的产品会带来什么样的恶果吗？他们当然知道。但是，在利益的诱导之下，在可以过关的侥幸心理之下，或者是在官商勾结的保护之下，他们无视社会公德和人类的良知，犯下了人神共愤的罪恶。官场道德，商场道德的滑落，导致社会公德的快速下滑，五千年文明的民族面临着严峻的挑战。

当代的青年是未来社会的建设人才，现代的大学生是未来社会的道德力行者和引导者，不但要学会专业成为一个能人，更需要在道德水平上提高自己成为一个好人，最低限度，成为一个可以被社会公共道德水平所接受的人。在道德水平滑落的当今，虽无法力挽狂澜，但至少应该做到道德上的洁身自爱，并且适时地张扬社会公德。如果大部分人能做到这一点，中华民族的伟大复兴就为期不远了。

四、人格性的学习目的

学习还需要在人格的水平上去完善自己，力求成为一个人格完美的人。当代青年应该成为时代精神发展的倡议者和引导者。目前社会道德风尚有很多地方需要我们去加以遏制和克服，需要一大批先知先觉者去引导社会走向更平等、更公正、更健康的状态，这就需要我们超越目前的社会道德水平，进行自我的进一步完善，也就是人格水平的完善。

我们所处的世界变化很快，即使举世清平，也可能遇到很多不平的事，更何况人有时会遇到很多不公正的对待，甚至会被打击、被诬陷，在这种情况下，我们应该如何做？在举世清平的社会中，在歌舞升平的繁荣中，我们又如何不为物欲所左右，保持至高的人格品质？这些问题都是我们在学习中需要加以思考，加以践行的。这些有关人格品德的学习，无论在任何社会状况之下都十分重要。没有高尚的人格品位，在物质世界的追求中，人追求感官满足的动物性就会越来越强，而作为人性的品位和社会性，就会受到削弱。

孟子说："天下有道，以道殉身；天下无道，以身殉道"，范仲淹说："不以物喜，不以己悲"，"先天下之忧而忧，后天下之乐而乐"，这些正是古仁人的人品的写照。

我想到了楚大夫屈原。近年，政府把端午节定为公共假日，端午就是为纪念投汨罗江殉国的楚大夫屈原而设立的。定了这样一个假日，我想它的意义不会只是放一天假，大家休息一下，吃几个粽子，而是借助这样一个节日张扬屈原大夫的人格精神，促进社会的进步和发展。屈原所处的时代，"蝉翼为重，千钧为轻；

黄钟毁弃，瓦釜雷鸣；谗人高张，贤士无名”。在那样的世道中，屈原心怀国家、心怀民间疾苦，为改变国家和民族的命运而奔走呼号，在举世浑浊之中保持独清，在昏昏众人之中保持独醒，这是多么可贵和可歌可泣的高尚人格啊！

其实，从社会时行道德的角度来说，他完全可以苟且于世，以他的学识能力在蝇营狗苟的社会中分一杯羹，过一世所谓荣华富贵的日子也是很得其乐的，因为“沧浪之水清兮，可以濯吾缨；沧浪之水浊兮，可以濯吾足”，因为“圣人不凝滞於物，而能与世推移”。但是，品格求善者如屈大夫，又“安能以皓皓之白，而蒙世俗之尘埃乎”？于是，他选择了汨罗江这条还未被世俗污染的河水寄托自己洁净的躯体，让自己完美的人格得到了最后的升华。屈原死了，但他崇高的人格精神却鼓舞着一代代中华民族的优秀子弟为国家的发展和民族的利益而舍生取义、杀身成仁！

屈原的最后归宿是壮烈的，也为天下正人所歌颂，人生于浊世，不能济天下，也无法独善其身而苟且于世，于是只能以身殉道，他的结局让人叹息。

在物欲横流、公正失衡的世道里，屈原依然努力追求着道德臻成和人格完善，虽然无力挽大厦之将倾，但却保持自身之不染，这是多么让人景仰的品格！

不过，古来今往，在浊世之中，以品格完善为学习追求的人，也并非只能以屈原为样，清者自清，浊者自浊也是一种境界。所谓“达则兼济天下，穷则独善其身”，如诗圣杜甫者，也不失为一个浊世清高的读书人的典范。

五、人格完善是学习的最高目的

《大学》云：“大学之道，在明明德，在亲民，在止于至善”，至善是教育的最高境界，也是学习的最终目的。老子认为，“上善若水，水利万物而不争，处众人之所恶。”大学中关于教育要达到的就是人的至善的境界也就是学习就要达到人格完善的至境。

大教育家孔子对人格的完善也放在教育的最重要位置上。孔子育人观以修身为中心，教育学生要努力学习，修养自己而成为君子。在孔子的思想里，君子具有至善至美的人格，“君子谋道不谋食”，“君子忧道不忧贫”，“无求生以害仁，有杀身以成仁”，等等。儒学素以修身为学习的根本，先修身而后治国，在自身的品格得到完善之后，努力为他人谋幸福，“修己以敬”，“修己以安人”，“修己以安百姓”。如若天下不公，或时运不济，君子无缘以安百姓，就要“独善其身”，甚至要“以身殉道”。从这些论述里，可见儒学把人格修养提到了教育和学习的至高境界，同时也是学习的最基本的目的。

因此，学习就是要努力让自己的人格品德得到最大限度的提高，努力让自己成为一个道德臻成和人格完善的君子，再去服务于天下之苍生。

我想，人之天性和社会道德的发展方向必然是以平等公正为一个衡量的尺度，社会需要公平和正义来进行维持，这样人类才能走向文明，走向脱离丛林法则的动物性，社会才能最终走向光明。作为走向社会精英层次的大学生，超越学习的功利性，超越社会的道德性，追求自身人格的完善，应该是义不容辞的责任。

老子说“至人无己，神人无功，圣人无名”，在无己无功无名之中，成就的恰恰就是人的至臻的人格品位。

第十五章　把握学习的层面

一、要超越知识层面展开学习

大多数人对于学习的理解，大概就是学习知识、积累知识。当然，这是学习的一个重要方面，是学习的一项重要内容。不过，我们应该知道的是，这只是学习的基本内容，而不是最重要的内容，在知识层面之上的多个方面，比知识的学习要重要得多。只有超越知识层面的学习，才是学习的正确方向，才能收到学习的效果。

我想以大学的课程教育为例，剖析一下学习的层面，只有把学习的重点放在高于知识之上的层面，学习才能做到真正的有意义。

在大学里，每所大学对不同的专业都设置了许多不同的课程体系，从必修课到选修课，从基础课到专业课，从理论课到实践课，可以说是使尽浑身解数，目的非常明确，就是要把学生培养成某一个领域的专门人才。这样的专门人才既具有全面的专业知识，也熟悉各种专业技术，还具备专业发展的创新思维。

然而，结果却并非如人所愿。大学四年，经过教师的兢兢业业的教育和学生勤勤恳恳的学习之后，毕业生却在质量上表现了巨大的差异，优秀者不多，平庸的却占大多数。近年来报纸和网络上说学生高分低能，说教师误人子弟，说教育全面失败之类的评论也屡见不鲜，表现了社会各界对这样的教育结果的深深不满。

导致这种情况的原因是很多方面的，有社会的、经济的、教育体制的方方面面的影响。但是，从教师和学生个体的角度来看，在现行各种因素不变的情况下，只要在教与学两个方面进行技术和切入面方面的调整，其效果应该也是很可观的。

撇开其他原因不谈，从现行教育体制下仍有不少优秀的人才脱颖而出的现象来看，高分低能的主要原因在于学生把学习的重点放在了知识的学习，而包含在课程学习中的其他更重要的方面却没有学好，造成了低能。

二、课程的教育内涵分析

如果我们对设立的专业课程进行教育内涵（包括的教学内容和应该产生的教育效果）分析，至少可以把课程的教育内涵分为三个层次：专业知识、专业方法和专业思维。专业知识是前人发现的一系列事实和经验的集合，专业方法则是开展专业工作的技术集合，相当于专业内的技术总汇和方法论的内容，而专业思维则是指在专业学习和专业发展过程中所形成的思维方式和思维规则。专业思维带有一定的专业特性，但也超越于专业范畴之上，带有一般性和通用性，甚至具有部分理念的色彩。

所谓应试教育培养了高分低能的学生，这类学生考试分数很高，但实际工作能力却很低，甚至做不了实际工作。是什么原因造成高分低能呢？主要原因在于这类学生的专业学习主要集中在专业知识的死记硬背上。由于是记忆性的死读书，这些学生没有掌握好专业方法与专业技术，至少没有在思维的层面形成自己的学习体会。这样的大学生并不少见，甚至在研究生当中也有很多这样的例子。

这类学生，所具有的专业知识只是书本上的前人的经验知识，甚至也没有形成专业知识的整体映像，即使他们可以像刻录机一样把知识全部刻录到自己的大脑里，但充其量也只是记住了一些死的知识，缺少分析和综合的能力。

只有具有专业思维能力的人才能在专业的范畴内有所创造。可以打个比方，仅有专业知识的人充其量只可以做一本专业辞典，具有专业技术与专业方法的人可以成为工匠，但只有形成科学系统的专业思维的人才能在工匠中脱颖而出，成为专家。

三、课程教学的层面

为了了解如何去学，我先从教师的方面去看看专业课程应该如何教。

与课程教育内涵层次相应，大学的课程教学也应该包括三个层面，即专业知识的教育、专业方法和原理的教育和专业思维的教育。

知识和方法的教育是课程教学中的“实”和低层次的教育层面，通过课程教学活动，让学生获得和积累知识，了解和掌握专业方法。这是作为一个专门人才的基本要求和必要条件，即做到“可以工作”的水平。

思维的教育是专业教育的课程教学工作应该投放主要教学精力的最重要的教育层面。思维的教育是“虚”的和高层次的教学活动，通过课程教学，让学生形成专业思维。思维是创造的前提，是智慧的标志。要培养有创新能力的学生，课程教学必须重视这个层面的教育效果。

所谓知识和方法的“实”的教育，这个“实”字指的是教师所谈到的内容都可以有实在的东西对应。实的东西在讲授时很方便组织，需要的只是描述或者解释性的表达即可。而专业思维的“虚”的教育，则往往没有实在的东西可以对应，需要教师进行特别的组织和发挥，需要引导、设疑、质询和推论等表达方式。

课程教学的第一个层面是知识教育层面。

可以说，知识的教育是课程教学中的最低层次，这个层次的教学活动只是简单地向学生传授专业内已有的发现和经验知识，进行的是“什么是什么”或者“什么不是什么”之类的说明，如“鱼是动物”、“水稻不是动物”、“距离是运动速度和运动时间的乘积”、“两直线相交对顶角相等”等之类的经验知识，其目的是让学生了解课程的基本事实和经验。

对不少教师而言，很多课程教学活动都停留在这个层次。这些教师往往教学经验缺乏，或者教学过程没有用心，一切教案和教学活动都参照讲义。笔者也见识过不少这样的教师，无论长幼，都无例外地将讲义的大多数内容甚至全部内容输入多媒体中，上课时一字不漏地讲下来，也有顺着就那么读下来的。这些教师在教学活动中没有互动，甚至连简单的设问和提问式的教学也很难实施，只有满堂的知识灌输。

可以说，学生对这类课堂教学是深恶痛绝的，因为教师在堂上所说的话书本都有，文字也都是自己认识的。对这类教学，学生经常逃课大概就是表达了其内心的不满。这类教师也有对付逃课的方法，就是逢课必点名，以学生上课的次数确定平时的成绩。喜欢在这个层次上教学的教师，考试也必然是给学生一张打印得密密麻麻的一大堆填空选择之类的需要死记知识的考卷。

这个层次上的教学效果可以想象，完全的知识灌输和死记硬背的学习方式，高分低能的出现也就理所当然了。

在知识教育层面之上，课程教学的第二个层面是方法和原理教育。

方法和原理的教育是课程教学的第二个层次，解释原理、传授专业方法和技术过程。这个层次上课的情况会比上一个层次好一些，教师针对讲义上的知识展开讲解工作，讲授原理和过程很翔实，让学生了解“为什么什么是什么”、“为什么什么不是什么”。他们引经据典，向学生解释“为什么鱼是动物”、“为什么水稻不是动物”、“为什么距离是运动速度和运动时间的乘积”、“两直线相交时为什么对顶角相等”，等等。教师还会通过实践和实验教学等方法，让学生去学会证明和动手解决专业上的一些问题。在这个层面上教师的教学活动也相对活跃，有互动的教学过程。

可以说，备课到这种程度的教师已经是好老师了，因为目前的大学讲义多是描述性而缺少解释性，只有敬业和负责任的教师才可能花上比别人多几倍的时间去读更多的书，准备这些解释以及组织实践和实验教学。

大多数学生喜欢这样教学的教师，能认真听课，课后的感觉也很好，因为他们感觉到有所收获。特别是课前预习时遇到的一些疑点问题，经过老师的解释之后，都得到了解答，有时还有豁然开朗的感觉。

这是第二个层次的教学活动，由于教师解释到位，这样教出来的学生对专业技术原理有所了解，具有较好的专业动手能力。但是，容易造成呆板守成，缺少创造力。

课程教学的思维教育是教育的最重要的层面。

真正优秀的教师应该把教学活动放在思维教育层次。思维层次的课程教学是以课程的学科逻辑和启迪思维为教学的主要目的，在思维层面上组织教学内容和展开教学活动。

这样的教师能在专业知识和原理的基础上进一步发挥，对知识上的难点和疑点会从逻辑内容上加以讨论，并往往会提出很多问题引导学生进行思考。特别是在专业问题进行剖析和判断分析的过程中，能循循善诱，引导学生跟随着课程的内容进行深入的思考。

人具有思维力，所以具有创造力。而创造力正是人类之所以能在文明进化的过程中从低级走向高级，走向完美的基本条件。思维的教育正是创造力的培养方式，因为正是人类的思维不断地进行着的肯定和否定之类的逻辑判断和环环相扣的逻辑思考，才促使人类去比较，去改变现状，去创造新的生活和环境条件。教师在思维层面组织的教学活动，对学生思维力的进步和创造力的形成，具有深远的意义。

因此，专业思维应该成为大学教和学的最重要的层面。

人的本质力量，不是体力，也不是知识，而是智慧和素质。

在现代文明社会里，人与人之间的竞争，甚至国与国之间的竞争，归根到底都是人的智慧和素质的竞争。大学时期，我们提倡素质教育，正是针对目前盛行的所谓“应试教育”（就个人理解和本文的教学层次而言，说知识教育会更准确一些），而提出来的。而素质，从广义的角度来说，包括智慧道德等因素。启迪智慧，应该是大学课程教学的主要内容，“思维是启迪智慧的钥匙”，思维教育才是发展智慧的根本。

如何进行智慧的启迪？孔子曰“不愤不启，不悱不发”，这是教师启发式教学的条件和根本。理学家朱熹对这句话进行了解释，认为“愤者，心求通而未得之意；悱者，口欲言而未能之貌。启，谓开其意；发，谓达其辞”。显然，根据先师的总结，一个好的教师就应该要引导学生进行积极的思维活动，激发其好奇心和求知欲，在听课之中达到“愤”和“悱”的情感状态，然后“开其意”、“达其辞”，让学生在山回水复的寻觅之后突然有豁然明白的感觉，无疑就能收到良好的教学效果。反之，如果学生不“愤”不“悱”，就没有必要去教他了，自然也不会有什么效果的。而学生的“愤”和“悱”，则必须由教师在课堂上通过思维引导才能达到。

在西方的大学教育中，纽曼提出的博雅教育（也称为自由人教育）是一个重要的教育理念，这个理念至今仍影响着西方许多大学的教育观念。其宗旨主要在于指导学生发展智慧和理性，而不在拓展其知识。有研究认为，西方教育培养的人具有更强的创造力，可能正是与博雅教育着重培养大学生的智慧和理性有关。

四、学科思维的学习是最重要的学习

从上面关于课程教学的讨论中不难看出，在专业学习方面，大学生的学习应该同时兼顾专业所包括的三个层次，但从发展专业的角度来说，思维层面的学习才是最重要的学习。

从前面的三个层次来看，如果教和学把重点放在知识的层面上，则学生必定高分低能。如果一个人记忆了大量的知识而不懂得技术方法，那他充其量也只能做一个专业内的辞典之类的角色。如果他再掌握了专业原理与方法，那他就可以成为一个专业技术人员了。但是，如果要成为一个有作为的专业人士，则还必须在专业思维的层面上有深入的造诣。

大学的专业学习，除了应该学好专业知识之外，还要掌握专业技术与方法，还要特别注意学科内所包含的思维方式方法，这样才能做到发现问题和解决问题，对专业融会贯通，甚至可以通过不同专业在思维方面的共通性，做到举一反三、触类旁通。

大学的专业学习，必须重在专业思维的学习，养成专业思维，成为行家里手，而不仅仅是一个专业的工匠。但是也必须指出，专业思维的学习是建立在专业知识和专业方法学习的基础之上的，忽视专业知识和专业方法的学习就不可能具有真正的专业思维。这三个层次之间的关系是相辅相成的，特别是对专业思维和专业方法的掌握，会大大促进专业知识的理解和掌握。另外，只有在建立专业思维的条件下，学生才会对专业知识具有真正全面的掌握，所学的专业知识才会成为活的知识。

专业思维（科学思维或学科思维有相同的含义）实质上并不是非常复杂而难以捉摸的深奥问题，其实质是把我们学习的各种知识和方法等进行专业的逻辑分析和转化，然后按照专业的相关原理进行思考，就可以逐步凝练形成。以物理为例，我们所进行的物理解题法就是依靠物理思维来进行的。当然，在这种解题过程中，很多学习不深入的学生会记忆例题，会利用教师所讲的解题套路来套着解答问题，这样的学生注定难以解答没有遇到过的难题类型。而从物理思维角度来说，就应该把问题中所有的已知条件分解成物理元素和涉及的物理定律，例如速度、质量、数量、电量、磁场通量等，然后，按照题目所给出的其他条件，例如空间条件、时间条件等，根据物理定律，按照数学逻辑进行思考，这样，无论你以前是否遇到过同类的问题，应该都不难得到正确的结果。这就是学科思维（专业思维）。

又如人之罹病，其症状也好，医疗也好，无非是要考虑几个方面的元素：病原元素、宿主元素，以及它们的特点，如生物学性状等，按照两生物间相互影响、相互作用的方式去进行思考，就可以合乎逻辑地得到正确的推论和判断。

形成专业思维，将可以让我们更能面对学习上的很多问题，熟练之后可以产生新的创造和体会。

因而，学习任何一门专业，不仅仅要学习其专业知识、专业技术和方法，最重要的是把握专业的思维方式和方法，这是专业学习取得成功的保障。

形成专业思维就需要对专业的原理和方法进行深入的了解和把握，不仅仅知道“什么是什么”之类的描述性知识，知道“为什么什么是什么”之类的解释性知识即学科原理，更重要的是，在了解科学问题的背景情况的前提下，了解这些背景情况与科学原理或者科学方法之间的逻辑桥梁。

专业思维层面的学习对个人的智慧成长很重要，因为实际上我们是把自己放于前辈所处的科学境况之中，让自己面临同样的问题和同样的条件，去寻找和想象前辈的思维和科学问题的解决过程。这样的学习其效果是十分显著的，它不仅使你从根本上了解了某一科学原理或科学方法的全部内涵，还让你在体会相同的科学境况的条件下重走了一遍科学创新的过程，这样带来的结果是你获得了科学创新的思维方法和创造的体会，会让你在以后的专业工作或者非专业工作的过程中能够懂得把握条件，激发创新。

在思维的层面上进行的学习应该是所有科目学习能取得长远和根本提高的保证，不仅仅是大学，中学的学习也是应该如此。并且个人认为，中学就是形成学科思维最重要的时期，只不过我们的教师在教学过程中对这个问题没有好好理解，更没有对学生进行这个方面的指导，错过了最重要的时机。因为笔者是大学教师，对大学的专业课程教育更熟悉一些，本书就以大学的专业教育为例说明。

实际上，专业思维也不是学习的最高状态，学科学习和专业学习的最高状态是要形成学科理念或者专业理念。而这个方面一般的学生难以理解，因为这是一个近于哲学高度的问题，个人也感觉难以用准确的语言进行表达。理念属于哲学范畴，学科理念近于学科的“道”，老子说：“道可道，非常道”，即是说理念是难以用语言表达的，我也不愿做无为的尝试。不过，在形成良好的学科思维之后，通过理论的思考和实践的体会，优秀的学生可能会自然形成专业理念。

第四编　自我了解、自我发展

第十六章　智力因素和非智力因素对学习的综合影响

一、智力因素与非智力因素在学习中的主要作用

智力因素，包括观察力、记忆力、思维力、想象力和注意力，是认识能力的整体，是人们在事物的认识过程中所表现的心理性，是我们进行学习活动的执行系统，是决定着我们能不能学习的一种质的规定。非智力因素则指人的智力因素之外的一切心理因素，主要包括情感、动机、兴趣、意志和性格等心理因素，对人们的学习认识过程起着控制和协调的作用，是学习过程的动力系统。

智力因素是学习的必要条件，而非智力因素决定着一个人想不想学和如何学习等非能力方面的问题。智力因素是学习的执行者，而非智力因素则是学习的指挥者和组织者，决定着学习的方向性和持续性，也决定着智力因素在学习行动中的行动质量和表现程度。

智力因素是一个人的学习能力，直接影响学习效果。许多研究表明，学生的智力水平与学业成绩存在着高度的相关性，智力不仅影响着学生的学业成绩，还影响着学生掌握知识和技能的速度及灵活性。人的天生素质和后天生长环境的差异影响着智力因素的发展，从而造成个体间智力的差异。这些智力方面的差异影

响着学生的学习效率和效果的差异，进而在学业成绩方面产生差异。

但是，决定学生学业成绩的因素不仅仅与学生的智力水平有关，同时也与学生的非智力因素有关。我们可能发现很多智力相当的学生，其学业成绩却有很大的差异。特别是大学阶段，由于学习上缺少中学时期的阶段性检查和学习时间的约束，学生们按照自己的想法学习和安排时间，差距逐步拉开。到毕业时，原本智力相当的大学生们在知识和能力等方面都产生了巨大的差异，其主要原因就是这些学生中的非智力因素的差异。

二、智力因素与非智力因素的系统作用模式

智力的水平由五个智力因素相互联系和相互影响决定，是五个因素的有机结合的整体表现。这里的整体的概念，我想借用系统论的有关概念作简单的说明。

第一，整体大于各部分的总和。作为智力整体，它超越了五个因素作用的叠加，不是这五个因素的简单的堆砌和相加，它们之间具有相互联系、相互影响、相互制约的共同作用，在共同作用的基础上产生新的属性和质的变化。

第二，每一个因素在整体作用时与它们独立作用的意义不同。有时候，一个因素的不足可能限制了整体的发挥，而补充这个不足的因素，会使智力系统产生新的状态，产生很大的跃进。同理，一个因素的过剩也许没有对智力整体发挥太多的作用，因为它的作用还受着其他因素的制约。同时，这五个因素相互作用的状况远比各因子独立的作用意义重大，它们之间具有相互促进的作用。例如记忆力和思维力之间具有协同作用，好的思维力能够帮助记忆，在记忆过程中通过思维力调动记忆的贮存知识与需要记忆的信息进行必要的关联，从而使记忆更加持久、更容易忆起；而良好的记忆力则可以为思维提供足够的思维信息，帮助思考和判断。注意力则对所有的智力因素具有促进作用，在高度集

中的注意力条件下，所有智力因素都可以发挥出高效的作用水平。

正如在智力系统中各个智力因素的作用是相互影响、相互制约，共同作用一样，非智力因素对学习的控制和协调作用也并非是各因素独立作用的，它们也共同组成一个非智力因素的整体，驾驭着我们的智力进行学习和工作。正如前面所说，情感可以促进兴趣的产生，意志可以影响性格的形成，而动机也会对兴趣和情感发生影响，同样，情感和兴趣可以影响一个人的行为，影响习惯从而影响性格的形成。

有一个俗语叫“勤能补拙”，说的是勤奋可以弥补智力上的拙，因为勤利用了更多可以利用的时间，补充了由于智力上的拙而产生的效率不高的缺陷，从而补充了智力因素的不足。非智力因素是人的高级心理活动，其对智力因素具有促进或者阻碍作用，良好的非智力因素可以促进智力因素的发挥，从而促进学业成绩的提高和促进个人的成才。反之，如果非智力因素不良，则即使个人智力再高也会毫无作为。良好的非智力因素对一个人智力发挥的促进作用，不是通过提高其智力因素的水平来进行，而是通过其协调作用，最大限度地调动心理智力因素来进行学习或工作，从而发挥了整体促进的效果。

因此，人的学习的效果和进步，必须由智力因素和非智力因素共同作用来完成。

曾经有人提出一个概念叫做情感商数（EQ），在考察了很多成功的例子之后，参考巴莱多定律（二八定律），提出了一个成功等式：

$$\text{成功} = 20\%\,\mathrm{IQ} + 80\%\,\mathrm{EQ}$$

解释为，对个人的成功来说，其智商（IQ）有20%的贡献，而更主要的贡献（80%），则来源于情商。

自从这个等式被提出来之后，在世界上风靡一时，很多人都津津乐道地谈论着成功，谈论着情商，谈论着那 80% 的成功概率。

智商反映人的智力高低，即人的智力测验的成绩。智力测验已有一百多年的历史，经过很多心理学家的研究，智力测验越来越标准化，并且越来越客观科学，智商基本上能比较准确地显示人们的智力水平。目前，智商测定已经广泛成为公司雇用职员和一些大学选取学生的测验方法，并用于检查精神病患者和脑的操作程度的测验。

在智力测定中，智商值一般为 0～160 之间，正常级别是以智商 100 为基准。智商低于 70 为弱智，70～89 为智力低下，正常智力的人群其智商在 90～109 之间，智商为 110～129 之间的人智力优秀和非常优秀，只有 2% 的人智商达 130 以上，为智商极优（见图 6）。这样的智力测定的观点，已经广泛为人们所接受。

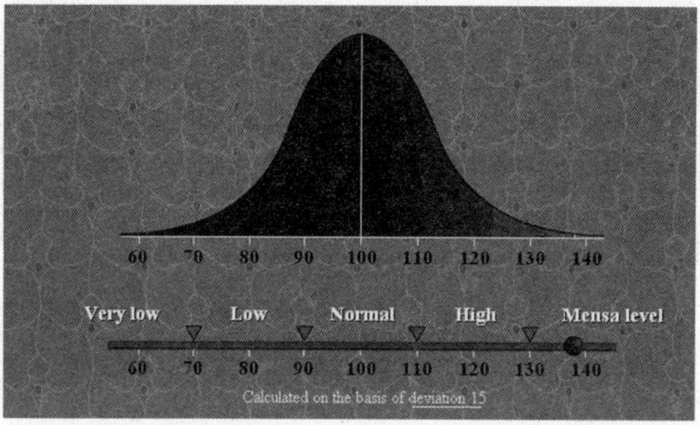

图 6　人的智商的分布（仿自：http：//www. iqtest. dk/）

标准智力测验主要为图形题，其测验结果与所受过的教育无关，用来测定人的学习能力、记忆力、创新思维和解决问题的能力。可以说，智力测验的结果（IQ 值）代表的是人的智力水平。

而在成功的等式里，情商又代表着什么呢？

情商是相对于智商而言的，统指非智力因素之外的所有的心理因素。相对于经过严格研究和广泛应用的智商来说，情商的存在及其是否标准还有着不少争议，因为智商是可以测定的，并且在多次测定之间其结果差异不大。而情商没有测定的方法，而且从心理学的角度来说，人的非智力因素受很多因素的影响，也是很不稳定的。虽然如此，情商影响一个人的智力的发挥，以及影响一个人是否能成功，这是大家都接受的理论。

在这里，我们把情商看作是非智力因素的总和，非智力因素的总的作用。

非智力因素对人的成功具有重要的作用，其作用甚至超过智力，已经成为人们广泛接受的观点，我在前面有关非智力因素的内容中谈到的很多例子，可以充分说明情商在人的成功方面具有举足轻重的作用。

实际上，绝大部分人的智力都处于中等水平，智力低下或者智力杰出的人只是一小部分。智力低下的人可能只能完成小学的教育，有些还需要特殊教育方式才能完成小学的学业，因而，他们显然不可能是成功不等式之中的人群。因此，就我们所考虑的所谓能否成功的人群而言，其中绝大多数（80% 以上）都是智力中等的水平，在这些智力相当的人当中，能否成功自然就取决于非智力因素了。不过，有些智力优秀的人，其非智力方面可能会存在着种种缺陷，这些缺陷严重地影响了他们在事业方面的发展，这应该是比较特殊的个案。

中国科学院心理研究所曾经对全国几十位高考状元进行过调查，发现这些状元中大多数智力中等，少数人智力中等偏上。这个结果可以这样看，单从智力水平来说，这些状元们并不比别的同学更优秀，可以想象，他们获得高考状元的桂冠是由其他非智力因素产生作用的。

也有人调查过一些优秀的科学家，发现这些科学家们都具有很好的非智力因素：有很强的责任心，有锲而不舍的精神、有坚强的意志、有善良的心态，以及富有幽默感等，这些因素对他们取得成就具有重要的意义。

在强调非智力因素作用的同时，我们也必须充分认识到智力因素的作用，不能认为智力因素对成功的贡献只有百分之二十就做出智力因素对成功并不重要的结论。我前面曾经说过，智力因素是一个人学习的必要条件，决定着能不能学习的问题，而这个必要的条件是构成成功这座大厦的基础建设，没有智力因素作为基础，任何非智力因素的作用都将成为无本之木，成为无源之水，成为空中楼阁。

其实，智力因素和非智力因素的界限并不是很分明的，或者说他们之间会存在着一定的相关性，智力优秀的人往往学习效率高，善于发现问题和解决问题，因而其一般具有较高的自信心。对自己有信心，就会促进非智力因素的发展，其非智力因素就会相应地好。当然这并非绝对，也有很多相反的例子。另一方面，智力因素如记忆力和思维力等，也会通过认真和持之以恒的锻炼而得到提高，而这个持之以恒就需要意志和毅力等非智力因素的支持。从这一点来说，智力因素和非智力因素之间是可以通过互补增强的。

记得小时候，笔者家附近有两个木匠，一个是能工巧匠，做出的家具精细美观，结实耐用，大受附近乡邻的欢迎，另一个木匠也做家具，但做工粗糙，甚至很难做出一件像样的东西，因而也从来没有人家请他代做家具，他的手艺，只是在自家里修修补补而已。

我想，如果我们把智力因素比喻为木匠的斧锯刨凿等工具，非智力因素就是那些木匠，即使有优等的工具但没有能干的木匠，也做不出好的家具来。但是如果没有应手的工具，即使木匠手艺再好，也是难以用手把那些木料做成家具的。一套好的工具，可能更容易让木匠施展自己的手艺，做出精致的产品，而且称手的工具会让木匠游刃有余，手艺更容易精湛。

如果用驾驶汽车来比喻智力因素与非智力因素在学习中的作用，则智力因素可以比作汽车本身，而非智力因素则是驾驶员。汽车能不能跑，跑的性能如何是一个基本的条件，但驾驶员的技术和意图则可以决定这汽车能跑得多快，向何处跑等最终因素。一部性能良好的汽车是跑的基础条件，而一个技术优秀的驾驶员则是能否把车开好开对的控制条件。如果汽车的性能不好，则可能会影响驾驶员技术的发挥，如果汽车性能良好，即使驾驶员的技术不很熟练，也会在驾驶过程中变得更有信心而逐步得心应手。但是相反地，即使一个驾驶员具有极为优秀的驾驭技术，但汽车无法行走，那么，他的技术也是毫无意义的。只有当一个技术优秀的驾驶员开上一部性能良好的汽车，才能更得心应手，把技术发挥得更全面，汽车的性能也能发挥得更好，更有效。

智力因素是学习的必要条件，而好的非智力因素则更能促进学习，获得更高的效率和更好的效果。在我们的学习中，要全面了解个人的智力因素和非智力因素的状态，努力进行有针对性的锻炼，提高智力因素的水平和非智力因素的水平，并且在这些锻炼中通过智力因素和非智力因素的相互作用，整体提高自己的心理素质水平，为个人的前途和事业发展打下坚实的基础。

第十七章　分析和了解你的智力状况

一、木桶理论与智力系统

人的智力是学习的必要条件，是决定一个人能不能学习的基础。一个人的智力水平不仅影响着个人的学习效率，还影响掌握知识的速度和把握的深度，影响运用知识的灵活性。

就如在前面关于成功不等式中智力的20%的贡献时所谈到的，这个比例尽管不如80%那样显眼，但却是整个成功大厦的基础，没有这20%的基础，任何非智力因素的作用都将成为无本之木、无源之水，成为空中楼阁。

因此，了解自己的智力系统的状况，提高自己的智力水平，将为自己的学习和事业的发展注入基础的动力，是开始个人的成功过程的最重要和最有效的一步。

智力作用效果是智力因素整体的行为效果，在学习活动中五个智力因素都同时参与学习，共同完成学习的过程，共同影响学习的效果，智力五因素及其品质因子的优秀与不良，都会直接或间接地对学习产生影响。

智力的作用是一个整体的作用，在智力系统中，由于智力因素各品质因子的优劣品质差异，有些因子就会成为学习中的主要限制因子。

什么样的因子是限制因子呢？我们先看看木桶理论。

木桶理论认为：一只木桶能装多少水，并不是由木桶中最长的桶板来决定的，而恰恰取决于最短的那块。

从这个理论，我们至少应该得到几点启示，其一，只有木桶上的所有桶板都足够高，那个木桶盛的水才能足够多；其二，只要这个木桶里有一块桶板不够高，桶里的其他桶板的高度就无法发挥作用；其三，如果想用最少的投入去使这个木桶装上更多的水，就要把材料用来加长那块最短的桶板。

从智力来说，五个智力因素就是木桶中的五块桶板，要提高智力，最好的捷径，就是提高那些短的桶板，即设法尽快提高自己不足的那个智力因素。

然而，智力因素是不能拿到一起进行量化比较的，有效的方法就是找出自己智力中最不足或者表现明显差的那个因素，努力提高，因为这是你的智力系统中的限制因子。

也许有人会说，木桶理论说得太绝对了，不是说可以扬长避短吗？我不可以在择业时避开自己的短处吗？我以我自己的长处进行择业不就可以了吗？其实这是一种很天真却并不一定可行的想法。

为什么呢？这是因为人的智力因素有机组成人的智力，而无论你从事什么样的工作，整体的智力都是十分重要的，或者你可以用你的长处做好某些具体的工作，但是你却不可能在某一个行业内达到成功，成为行业中的精英。我们日常所说的长或短都是指自身的某一方面的技能，如长处是绘图，短处是计算，这是技能的长短，而不是指你的智力因素。而任何一种技能的发挥，都必然少不了五种智力因素的共同作用。

在学习过程中，通过了解自己的智力各因素及其品质属性，有利于了解自己的智力整体状况和限制的因素，有利于对自己学习能力的改进和提高。

二、智力系统的整体性

一个人的智力是由五大智力因素即观察力、记忆力、思维力、想象力和注意力所组成，这五大智力因素中的每一个又包含着不同内涵和层次的品质属性，每一个智力因素的水平和特点都由这些品质属性决定，所有这些因子的整体综合才组成一个人的智力系统。由于每个人在智力因素组成的品质属性方面都存在着差异，所以，由这些因子全体所组成的人的智力整体水平就存在着相当大的差异。

就一个具体的个人来说，其智力系统的五个智力因素的水平也是不同的，有些人的某一个或几个智力因素特别优异，智力组成的整体就会带有这个因素的特点，如有的人的智力以记忆力见长，有的人则以思维力见长，等等，这是由于其相关的智力因素特别优于其他因素，所组成的智力整体就带有这个智力因素的特点。而各个智力因素（或其品质属性）差异不是特别明显的人，其智力就没有特别明显地以某一个智力因素为特长的特征。

就智力整体而言，观察力、记忆力、思维力、想象力和注意力这五个智力因素之间既有一定的独立性，也具有相互促进、协同和叠加等联合作用，所有因素在智力整体中的作用都具有其整体性，即由于其他因素的存在而产生了与其独立存在时所不同的质量和程度。如想象和思维能力能有利于记忆的持久性和备用性，而良好的记忆力能快速积累知识，有利于思维力的广阔性、敏捷性和灵活性等品质性状的发挥。同时，就某一个智力因素而言，其品质属性之间，也具有协同、叠加等相互影响作用。智力的整体组成是十分复杂的，其中一个因素或者其品质属性的显著优秀可能会对其他因素或品质属性有弥补和帮助作用，一个因素或者品质属性的不足，可能会成为智力整体的关键因素，但也可能由于其他因素的良好而有所补充。但是，就一般情况而言，一个人的智力水平的高低及其特点，必然取决于其智力因素的品质属性的综合组成。一个智力优秀的人，其每个智力因素，一般说来也应该都是优秀的，没有各个智力因素及其品质属性的优秀就很难有智力整体的优秀。

三、提高智力因素水平是提高学习效果的保证

即使是一个智力因素整体优秀的人，也可能在某些智力因素或其品质属性方面存在着不足，而这些不足可能会对智力系统整体效能的发挥具有一定的制约作用，比如一个思维力等方面都很好但记忆力不太好的人，其整体智力系统就会受到记忆知识方面的制约而无法发挥其最大的效能。我遇过一位年长的教授，其智力非常好，思维敏捷全面，判断迅速准确，但后来由于年龄的缘故，其记忆力明显下降，记忆不再清晰，回忆的信息模糊，从而影响了智力的发挥，如出现思维不够全面，或者敏捷性下降和判断不够准确等。老教授就常常利用笔记和查书等方法来帮助记忆，从而保证思维的全面性和判断的准确性。

老教授的查书和笔记的目的是为了弥补自己记忆力的下降，提高记忆信息的准确性，从而保证智力整体的效能。类似地，如果一个人由于某个或几个智力因素品质属性的制约而影响了智力整体水平，那么提高这个因素或品质属性，就可以提高智力的整体水平。

实践表明，智力因素及其品质属性是可以通过有计划的锻炼而得到提高的，特别是那些质量程度明显低于其他因子的智力品质属性，可以通过有目的的着意锻炼来让其潜在的能力发挥出来，而这些因子潜力的发挥会使智力的整体水平得到提高。大脑的潜力可以通过适当的激励条件发挥出来，这在本书前言中引用的大脑研究的结论中已有论述。

智力的提高是学习的目的和提高学习效果的重要途径，这是我们在学习过程中需要首先考虑的问题和努力所在。在学习过程中，我们通过有意识的锻炼，不仅可以提高自己的智力水平，还

因为智力水平的提高而对学习产生良好的促进作用，从而又进一步促进自己的智力水平和学习效率的良好发展。提高智力是我们在学习中首先要解决的问题，特别是那些对个人智力整体具有制约作用的智力因素或者品质属性，经过针对性的锻炼，显著地提高之后，智力整体水平就会相应地提高，从而改进我们的学习状况，有效地提高我们的学习效果。

因而，了解自己的智力组成的状况，了解个人智力整体中各因素的品质属性的状况，并进行针对性的智力锻炼和提高之后，可以有效地改进自己的智力的整体水平，从而提高自己的学习能力和学习效果。

第十八章　智力系统分析方法

一、系统分析方法

系统分析方法是20世纪后半叶迅速发展起来的一种对复杂问题的分析工具，它能正视研究问题的复杂性，根据研究对象的层级结构进行分离层析，确定问题的本质和起因。

系统分析方法来源于系统科学。系统科学从系统的着眼点或角度去考察和研究客观世界，为人类认识和改造世界提供了科学的理论和方法。

系统分析的对象是系统，那么，什么是系统呢？从定义上说，系统是由相互联系、相互依赖、相互制约和相互作用的事件和过程所组成的具有整体功能和综合行为的统一体。组成系统的事件和过程我们称之为系统的要素。

在自然界中，存在着各种各样的系统，如原子是一个系统，它由原子核和电子组成；人体是一个系统，它由各个组织器官组成；太阳系是一个系统，由处于中心区域的太阳和围绕着太阳运行的各行星组成，等等。

就本书所讨论的学习来说，一个人在学习方面所表现的能力就是一个系统，它有三个主要部分组成，包括学习的基本能力（智力）、学习的调控因素（非智力因素）和学习方法，而作为学习的执行系统，即智力，其本身也是一个系统，由观察力、记忆力、思维力、想象力和注意力五个智力因素组成。

系统具有整体性、层次性、结构性和动态性的性质。

系统的整体性有两个方面的含义。其一，系统的性质、功能和运动规律不同于它的组成要素的性质、功能和运动规律。其二，作为系统整体中的组成要素具有它自身所没有的整体性，与它们独立存在时有质的区别。

就学习的基本能力智力来说，在学习活动中，智力的作用是五个因素的联合作用，不同于它们单独的作用状态。比如记忆，在学习中记忆力是记忆的主要执行者，但它不是独立完成的，由于有思维力和想象力等智力因素的参与，记忆就会经过大脑的再组织和贮存，记忆的信号就会比纯粹的机械记忆更加持久、牢固，其备用性也更强。其他的因素的作用，我们在前面的章节中已经讨论过，不再一一列举。

从整体的特性来说，要取得学习的好效果，必须调动智力因素整体来实施学习活动，即在学习过程中，不能纯粹依靠记忆力等单一智力因素来学习，否则就难以达到应有的学习效果。我们的很多人，在学习中习惯用死记硬背的方法来学习，结果往往是记过就忘或者考完之后就全部忘记了，这是没有重视智力整体作用的典型的错误方法。

系统由不同层次的要素（亚系统）构成，这一特性称作系统的层次性。系统的层次性可以从两个方面来理解，一方面，一个系统的自身是组成上一层次系统的要素，另一方面，它又是由下一层次的要素所组成，而下一层次的要素又是由更低一个层次的要素所组成的亚系统。

系统的层次性特性使得我们可以依据层次把一个复杂的系统进行层层的分解分析，同时也告诉我们，系统内的任何一个要素都不是简单存在的，它也具有复杂的组成特性，其自身也是一个系统。例如一个人的智力，它是组成人的学习能力的一个部分，而其本身也是一个系统，包含观察力、记忆力、思维力、想象力和注意力等五个组分，而其中的每一个智力因素还可以继续分解为具有不同特性的品质因素。

结构性是系统的重要属性，系统的结构是系统保持整体性的内在根据和保证。所谓结构，是指系统内部各要素的相互联系、相互作用的方式或秩序。

人的智力系统由五个智力因素组成，这五个因素在智力活动中相互作用、相互影响，共同完成智力行动，这个过程，会包含记忆信号的调用（回忆）、逻辑思维和想象，同时，还要调动注意力的作用屏蔽那些影响和干扰因素，以获得应有的学习效果。这样的过程在大脑中是有序的、组织严密和相互协同的。这样的结构性是智力系统发挥作用的保证。

在学习中，我们需要注意发挥智力整体的作用，不能单纯依靠记忆力来学习，这是我们应该了解的。所以很多教师在指导学生学习时，都几乎一律地说要在理解的基础上记忆，理解实际上就是加以思考，加入思维力和想象力等因素的作用来帮助记忆学习，就是强调发挥智力整体的作用。

智力作用是个整体的过程，我们前面说过，智力作用的整体效果实际上可以参考木桶理论来理解，在木桶理论中，木桶装水的容量，决定于最短的那一块桶板，在一块桶板太短的情况下，其他长的桶板难以发挥应有的作用。而加长最短的桶板，可以有效地提高木桶的装水量。

那么，在我们学习的基本能力——智力系统中，我们怎样来分析和研究我们的智力桶板呢？在这里，可以进行智力系统分析，即根据智力系统的五个因素和品质因素，进行逐级的层次和结构分析。

系统分析方法，就是根据系统层次结构对系统的不同层次的构成因素进行分析研究的方法。

二、智力系统的一级结构

智力是一个多因素组成的等级复杂整体，要对智力有一个总的了解，就需要根据智力的组成对智力整体进行系统分析。

智力包括观察力等五个因素，我们可以把智力做成一个结构图，表明智力是由观察力、记忆力、思维力、想象力和注意力组成（见图7），这是智力组成的一级结构。

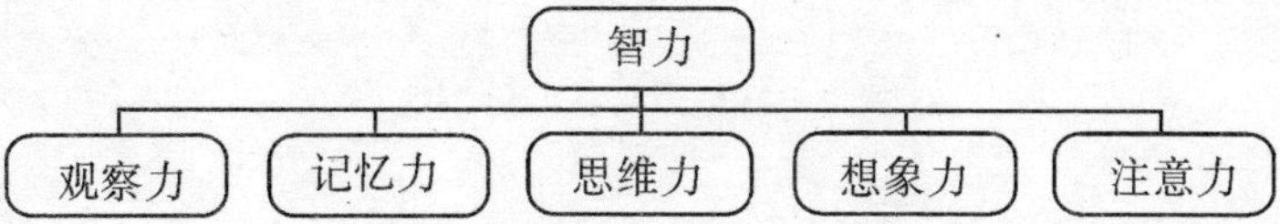

图7　智力五因素一级结构图

根据这一级的五个因素的亚级结构图，我们可以根据自身的特点，粗略地估计个人的五个因素水平，哪些因素是比较好的，哪些因素是不够好而需要提高的。这一步并不十分困难，因为我们总会对自己的某些方面比较满意，而对另一些地方不太满意甚至是不满意的。比如，有的人可能感觉自己记忆力特别不好，或者想象力特别差等。

三、智力系统的二级结构

根据系统的层次性，我们知道，智力系统中的各一级智力因素依然是由多个品质属性所组成的亚系统，要深入了解我们的智力，就需要分析各因素的组成，按各因素的属性因子进行智力系统的亚级结构展开。

观察力是指利用感官感知客观事物而获得认知的能力。观察力的品质包括观察的目的性、观察的精确性、观察的敏锐性、观察的客观性和观察的全面性等五个品质属性。我们把这五个因素作为观察力的亚级结构，进行智力系统结构中观察力的进一步展开。这样我们就得到了观察力各品质属性的组成结构，便于我们进一步了解和评价自己的观察力。其组成结构见图8。

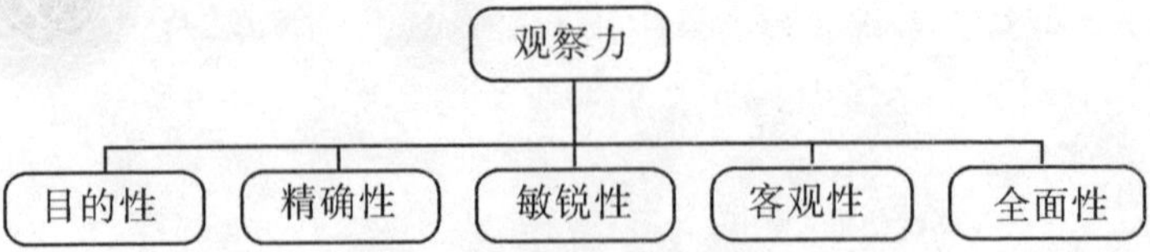

图8　观察力组成的结构图

智力系统的第二个重要因素是记忆力，记忆力是智力的基础，记忆力的好坏直接影响思维力等因素的发挥。记忆力指一个人获得保持和再现知识的能力。记忆力的品质属性通常可以用四个指标来评判，这四个指标包括记忆的敏捷性、正确性、持久性和备用性，这四个记忆力的品质指标的水平，综合决定着一个人的记忆力水平。同样，我们对记忆力进行亚级结构展开，其组成结构见图9。

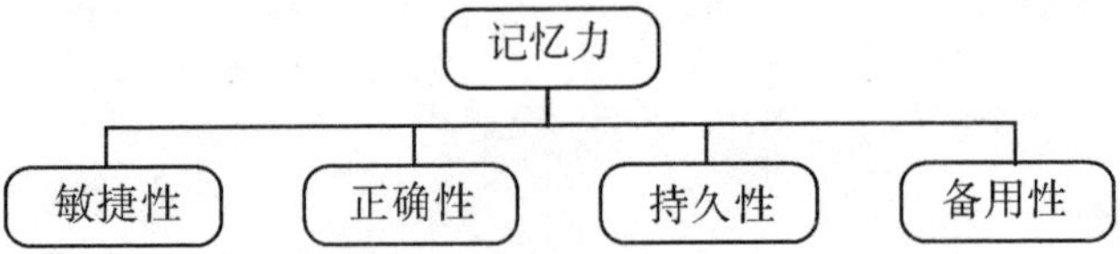

图9　记忆力组成的结构图

思维力是个人进行推理和判断的综合能力。思维力的差异，可以通过思维品质来考察。思维品质因素包括思维的广阔性、灵活性、深刻性、逻辑性、独立性和敏捷性等，这些品质因素的程度差异，造成了人的思维力的差异。其组成结构见图10。

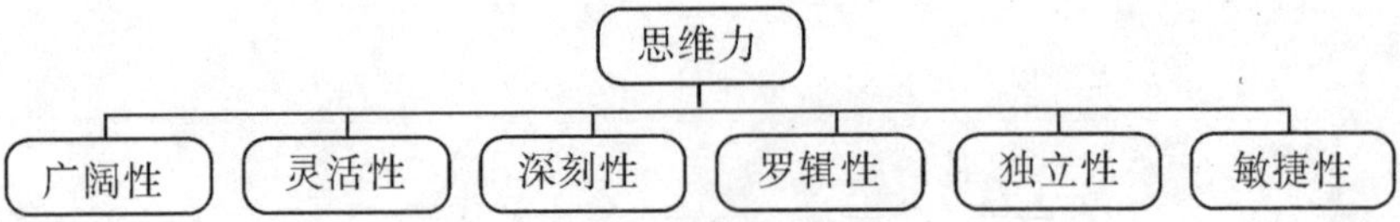

图10　思维力组成的结构图

想象是人们头脑中原有的表象经过加工改造和重新组合而产

生新的形象的心理过程，想象力就是进行想象的能力。想象力的差别来源于个人在想象的品质方面的差异，这些品质包括想象的主动性、丰富性、生动性和现实性。这几个品质属性的程度不同，人的想象力也就不同。其组成结构见图11。

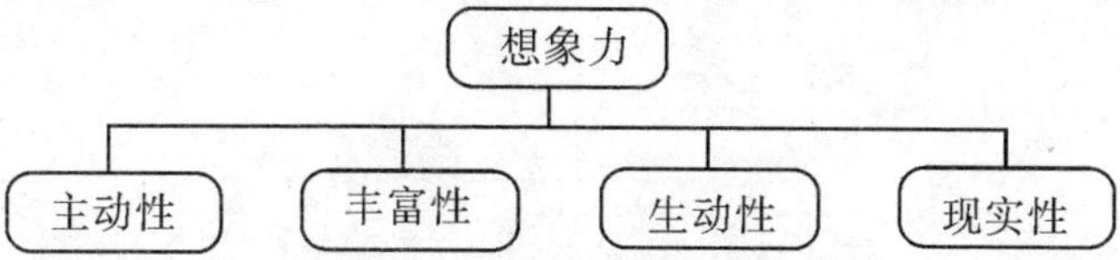

图11　想象力组成的结构图

注意力是指人的心理活动集中和指向一定的客体的能力。注意力重要的属性包括指向性、集中性、稳定性和转移性。其组成结构见图12。

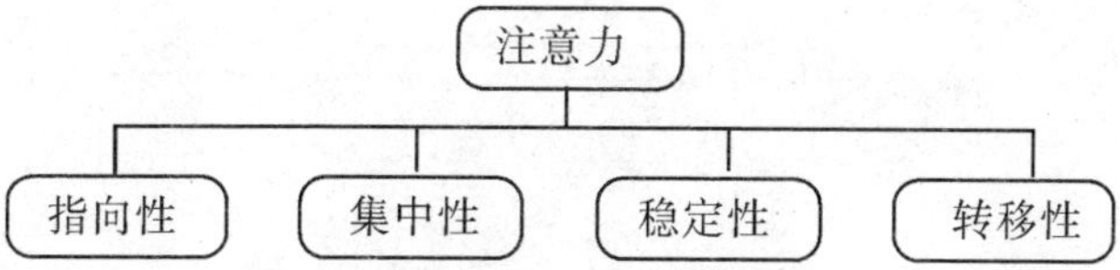

图12　注意力组成的结构图

这五个智力因素及其品质属性所组成的学习智力整体结构见如图13。

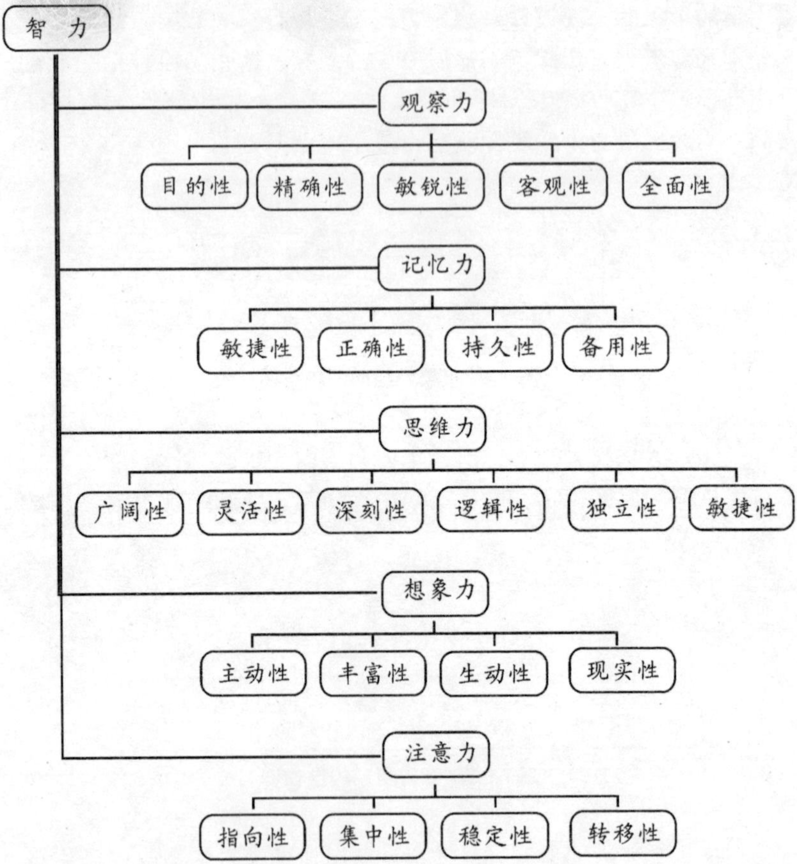

图 13　学习智力系统结构图

通过上述的系统分析方法，我们已经把智力进行了结构分解，它包括了智力组成的五个因素，而各个智力因素还包括了其各自的结构因子（品质属性）。这是智力系统的一般结构。这样做的目的是对智力的整体组成进行局部分解，以便我们了解自己的智力系统的具体结构，也便于我们进行进一步的智力状态分析。

四、智力系统因子的评价

构建了智力各因素的亚级品质属性分析系统之后，我们就可以开始对自己的智力系统状况进行分析了。如果是初中生或小学生，则由家长或教师进行分析，大学生或成年人可以自己分析。

对智力系统状态的分析实际上是对各智力因素的品质性状况进行满意度评估，评估可以用满意的百分数表示，分为 10 个等级，从完全满意（100 分）到完全否定（0 分），一般地，可以进行从很满意到很不满意的五级评分，分值为 100、80、60、40、20 等。这样，我们就得到了一个关于个人智力结构状况的评价结果（见图 14）。

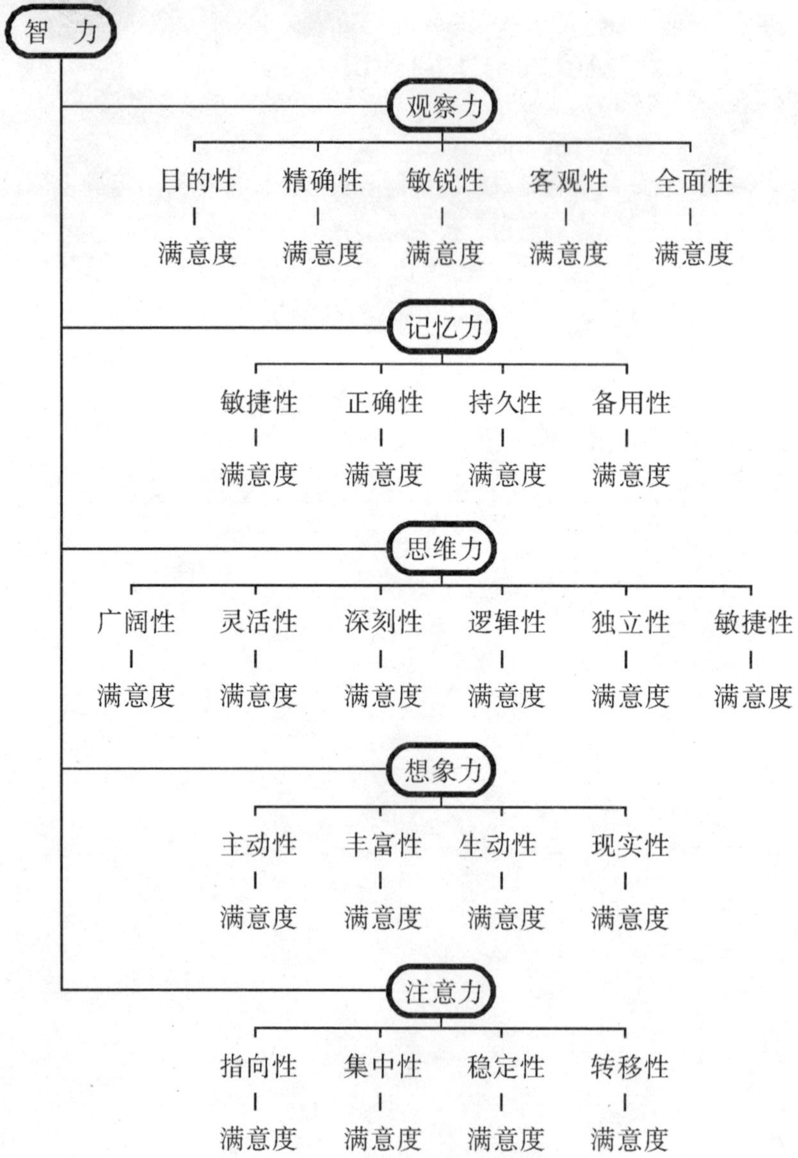

图 14　智力分析评价结果图

不同智力因素的各个品质属性的评价可以参考前面有关学习的智力因素的品质属性的特点来进行评价，分值不一定会很准确，只是自己对自己的智力方面进行自我满意程度的评价，这个评价的值让你发现在你自己的智力组成的所有因子中，有哪些是让你满意和比较满意的，有哪些是不满意或者很不满意的，让你对自己的智力系统的有关因子有一个整体的把握，有一个基本状况的了解，有一个努力的方向。

评价是对智力因素品质属性的评价，一定要客观，更不能认为所有因子都很满意或者都不满意，这显然是不可能的，应该有一个程度的概念，还需要与旁人作适当的比较，让你的评价更贴近实际，更有实践价值。特别是，在大学生群体中，一组人在一起进行相互讨论和互作评判可能会更客观，并且也可以因为相互的讨论而加深对智力因素品质属性的了解。

我们也可以用表格的形式来记录智力结构状态的分析结果，表格的设计可以参照上述结构图进行（见表3）。

表3　智力系统分析评价表

智力因素	品质属性	满意度（20～100）
观察力	目的性	
	精确性	
	敏锐性	
	客观性	
	全面性	
记忆力	敏捷性	
	正确性	
	持久性	
	备用性	

（续上表）

智力因素	品质属性	满意度（20～100）
思维力	广阔性	
	灵活性	
	深刻性	
	逻辑性	
	独立性	
	敏捷性	
想象力	主动性	
	丰富性	
	生动性	
	现实性	
注意力	指向性	
	集中性	
	稳定性	
	转移性	

五、智力系统限制因素

从木桶理论看，最短的桶板是木桶装水容量的限制因素，在智力系统中，有些智力因素（属性）也成了智力整体水平的限制因素。在进行了前述的分析之后，在所有的因素中找出自己评价满意程度最低的那些品质属性，然后进行有针对性的锻炼，以期在不长的时间内得到有效的改良和提高。各种智力因素的锻炼方法在很多心理学和教育学的教科书中会有论述，本书收集的一些相关方法可以作为参考。

有针对性的提高锻炼进行一段时间后，再对自己的智力系统进行分析评价，发现自己满意度最低的因子。

智力锻炼是一个需要长期坚持的过程，不可能一蹴而就，但是，应该相信通过一段时间的针对性锻炼之后，你的智力整体会得到有效的提高和完善，持之以恒，你的智力就会有明显的改善，你的学习能力就会有显著的提高，这对于你的一生的学习和竞争都具有相当重要的意义，比用那些时间来读几本书籍要有效得多。

前面所提出的智力系统分析方法是根据智力系统组成的各要素结合系统概念而提出的一种方法，这种方法是一种新的尝试，并未有任何有关心理学研究方面的报道，是笔者多年来研究系统方法和关注学习智力问题的一个结果，可以提供给广大同学学习和尝试，如果能帮助部分同学发现自己的智力约束因子，并通过锻炼方法获得了智力的提高，就是笔者的最大愿望了。

第十九章　学习能力的锻炼和提高

一、学习能力是可以提高的

智力因素是一个人能否学习和影响学习效率与速率的基本要素，提高个人的智力因素是提高学习效率的最有效的和一劳永逸的方法。

应该坚信，人的智力是可以提高的，鲁迅先生说：“即使天才，在生下来的时候的第一声啼哭，也和平常的儿童一样，决不会就是一首好诗。”这也就是说，天才也是从平常儿童成长起来的。我们在前面的内容中也曾经讨论过，一个人智力的成长是受到环境条件的影响的，换句话说，好的环境条件可以使智力向好的方向发展，不好的环境条件会使智力向不好的方向发展。当然，这里所谈的好与不好，绝对是撇开一切经济和政治条件而言的。

对于智力因素的锻炼和提高，许多心理学研究做过大量的工作，不少报刊和杂志都有介绍，这里收集了一些方法，同时也对笔者个人在学习经历和教学生涯中获得的经验进行综合提炼，形成下面有关智力五因素锻炼和提高的一些思路，以供读者参考。

应该说明，智力因素提高是一个需要坚持和努力实践的过程，并且，任何一个人可能都有其最快捷的方法，希望能针对个人的特点有效地提高自己的学习能力。

二、提高观察力的途径

观察力特别是科学观察的能力，在一个专门人才的专业发展和事业追求中具有重要的作用。对学习本身来说，提高自己的观察力水平，对有效学习获得有用的知识和知识的应用都有重要的意义。即使是受过大学教育的人，特别是在校的大学生，因为多是从学校到学校的学习，在这个过程中缺乏独立的观察学习，观察力的发展也会受到一定的影响。如何提高自己的观察力，应该是学习生涯中的一个需要注重的内容。

要养成观察的兴趣和习惯。俗话说得好，兴趣是最好的老师。做任何事情都是如此，个人对周遭环境关心着意，就会在日常的生活中细致地观察周围的点点滴滴，在周围事物的点点滴滴现象中扩大想象和思维的空间，作出联想或者推论，久而久之就能积累观察经验，养成观察习惯和兴趣。

进行同类比较观察是提高个人观察力的精确性品质的有效方法，经常对周围的同类事物中的不同个体进行比较观察，发现它们的不同点，发现得越多越好。也可以进行不同类型的事物的类似比较，找出它们之间的相同点，找到越多越好。这样的观察锻炼，除了可以让自己的观察细致准确之外，还因为同时利用了判断思维而增进了观察与思维的协同。

在观察过程中，要通过表面见到的现象寻找本质。在所观察到的变化或者一般的特征中寻求它的本质特征，推测形成这种特征的原因，并验证自己判断的正确，是锻炼观察和判断的综合能力的一种好的方法。比如在经常行走的路上，你突然观察到一株树的树干上多了个突起，这个突起可能会引起你作出多个可能的猜测：是不是这里要长芽了？是不是里面有了虫？会不会是生了病？等等，然后再根据不同的推测去进一步进行细微观察，寻找新的佐证。这样一步一步地深入观察，对培养自己观察的全面性和敏锐性是有效的。因为通过这样的观察锻炼形成的思维判断和经验，可能会收到举一反三、触类旁通的效果。

对大学生来说，在大学的学习中专业观察是一项重要内容，也是提高个人观察力的重要途径，特别是对于观察的实验切不可以等闲对待。有些学习理论的学生不喜欢观察实验，只喜欢整天浮想联翩和高谈阔论，哪知道观察是一切实践都离不开的，无论将来想做军事家还是金融大亨，都需要对工作对象进行细致有效的观察，否则将会一事无成。因此，对大学里与观察有关的科学实验，都应该抱着高度的热忱去完成。

即使不是在大学里学习，利用科学观察进行观察力的锻炼也是很重要的。个人的实践表明，即使是儿童进行有目的的科学观察锻炼，也可以很有效地提高观察力品质。

进行科学观察的第一步就是要确立观察目的。明确这个观察要做什么，实现的知识目标是什么，这样才使自己在进行科学观察时能集中注意力于观察对象的主要方面，才容易抓住观察对象的本质特征，达到预期的效果。科学观察目的的确立是观察取得成果的基础，不然就会使观察进入茫然状态，不知道从何处入手、从何处着眼。

观察目的必须明确，不要只有一个大概目的，因为围绕不同的目的需要利用不同的手段。比如进行蝴蝶的科学观察，具体目的不同，观察方法就会有很大的差异。如果要观察蝴蝶成虫的觅食行为，就要以自由的成虫为观察对象，在自然环境下利用摄影记录等方法进行；如果观察的目的是它的生活史，就要从成虫开始，到产卵、孵化、幼虫的脱皮、变蛹和羽化等过程，这就需要养虫，但利用一般观察记录方法就可以进行了；如果进行的是分类研究，则应该制成标本，利用显微镜或解剖镜进行观察比较了。

其次是做好观察计划，这是根据观察目的来展开的，包括观察的具体内容和需要利用的科学仪器以及应该进行的记录，等等。在观察目的的指导下，合适的观察计划是观察结果的保证。

观察的记录是进行科学观察的重要的工作，记录必须客观准确，不能随意记或者不记，即使是经常见到的最一般的现象也需要认认真真地记录下来。这些都是最后分析观察结果的重要依据，尤其是需要做观察报告和发表观察论文时，这些都是最重要的证据和信息来源。

需要指出的是，观察并不是按照教师指导的那样简单，有心的同学不仅要在观察实验的过程中对照观察目的，思考观察计划，更需要在观察过程中多问些为什么之类的问题，然后带着问题进行更深入的观察，才能有效地提高自己的观察能力。

此外，在日常生活中，对身边的事物进行细心观察，认真思考，养成观察的习惯和兴趣，观察力就能逐渐提高。

三、提高记忆力的途径

记忆是人学习的基本条件，良好的记忆力是人们学习和进步的重要保障，因此，提高和保持良好的记忆力，无论对学习和工作，还是对一生的前途和进步，都是十分重要的。如何才能增强自己的记忆力呢？根据一些书籍和网络上介绍的方法，综合介绍如下。

保持充足的睡眠，可以保持记忆力的活跃。睡眠充足能使日常学习和生活中的疲劳和紧张得到放松，能保持大脑的清醒。而清醒的头脑对记忆是很重要的。

看书和学习的时候要集中精神，专心致志。一心多用，边听音乐边看书，或者边看书边东张西望等，会导致心情不静，影响记忆效果。如果长期如此，可能会导致注意力涣散，影响记忆力。

培养自己广泛的兴趣，可以提高自己对事物的记忆力。从记忆信号来说，越是自己感兴趣的东西，其对大脑的刺激越强，刺激信号就越强，刺激记忆关联就越多，就越有利于记忆；相反，自己不喜欢或者没有兴趣的东西，刺激信号就越弱，就越不利于记忆。因此，培养自己的广泛兴趣，有利于记忆力的提高，对自己所学专业有兴趣，则有利于专业知识的学习和记忆。

利用多种感觉器官共同使用，可以增强记忆力。这是因为不同感官产生的刺激信号不同，而人脑对不同的感官信号有不同的记忆方式，多感官同时使用可以相互促进大脑对同一事物的记忆，可以增强记忆，同时，经常锻炼多感官记忆方法，增强感官信号的相互联系，能提高记忆力。在学习中，经常对同一内容进行看、读（朗读）、写、背等方式的锻炼，很多时候我们对学到的东西进行形象想象，看电影一样模拟进行视觉刺激，可以强化记忆。利用多感官刺激的方法，不仅可以增强学习内容的记忆，也能提高自己的记忆力。

适度规律的体育锻炼有利于记忆力的提高。适度规律的体育锻炼可以保持良好的身体健康状况，有利于对大脑的血液供应和氧的供应，有利于提高记忆力。

对自己要有信心，暗示自己具有很好的记忆力。信心是做好一切事情的前提，也是提高记忆力的条件。许多人之所以记忆力不佳，是由于对自己的记忆力缺乏自信。常常在面对一些需要记住的东西时，就产生了畏难情绪："这么多的东西，我怎么能记得住啊!"这种情绪就是记忆的最大障碍。因此，在需要记忆时，要经常提醒自己，相信自己具有良好的记忆力，这样不仅能很好地记忆面对的内容，还能提高自己对记忆的信心，逐步提高记忆力水平。

经常进行精细回忆可以提高自己记忆的准确性。有人认为，我们其实记住了很多东西，只是有很多东西忆不出来而已。因而提高回忆的能力，也就提高了记忆力。回忆要力求精细准确，对于一些已经变得模糊的记忆，要尽量回忆，使之清晰。经常精细准确地回忆是锻炼记忆力的好方法。

限时强记法在提高记忆力方面很有作用。要让自己在规定的时间里去背诵一些数字、诗词、单词和词句等，可以锻炼机械记忆力，即强记的能力。强记的时间和内容视自己的记忆而定，内容肯定是自己原来没见过或者不熟悉的，而时间则因自己的强记能力而定，在初时锻炼强记时，时间可以长一些，比如用两分钟记住两个英语单词等，自己的记忆力提高之后，这个内容和时间的配合要相应调整，让大脑在强记的压力锻炼中不断地适应，经过一段持之以恒的锻炼之后，记忆力一定会大大提高。

联想法是促进记忆力提高的一种方法。遇到一个生字或一个新的公式定理，我们可以利用大脑中原有的知识进行综合联想，组织其与已有记忆的联系。因为大脑中记忆的贮存是以概念、形象和逻辑等关系进行的。长期进行联想记忆，既可以使自己的信号贮存关系清楚，也可以使自己已有的记忆不断回忆更新，有利于形成高效的记忆习惯，从而提高自己的记忆力水平。

托尔斯泰说："背诵是记忆力的体操。"托尔斯泰具有惊人的记忆力，别人问他原因时，他说他每天都背诵一些单词或者进行其他内容的记忆，这样经久锻炼就提高了记忆力。马克思天天都背诵诗歌，天长日久，记忆力也越来越强。背诵记忆是增强记忆力的有效途径。

四、提高思维力的途径

就我们在学校的整个学习过程而言，从幼儿园到大学，我们的思维力潜质只是在课程的知识学习过程中被动地发展着，例如数学上的逻辑思维对智力的发展有很大的作用，但是，即使是如数学一般的思维力的锻炼，我们在很多时候却转化为记忆和模仿的锻炼，例如很多教师热衷于教育学生归类的解题方法，只让学生知道哪一类题目应用哪一类方法，活生生地把应该进行思维力潜质发展的锻炼转化成解题套路的记忆和生搬硬套的模仿。很多科目的学习就是如此，只在乎知识的本身，甚至只为应付考试和获得一个高分，而没有注意应该包含在这些知识学习过程中所应该具有的智力潜质的开发。

对于直接关注的思维力的锻炼似乎就更少了，甚至基本上是没有做过的，至少没有在学校的正规课程设置中进行。

因此，我们还具有很大的思维力的潜质，可以通过有意识的锻炼和培养使自己的思维力得以提高。对于思维力的培养，国内外都有多种培训方法和程序，培养结果因人而异。虽然，思维力的培养和提高并不是一件容易的事情，除了与个人的其他智力和非智力因素有关之外，很多非智力因素也影响思维，想通过短时期的培训而显著提高思维力，并非是人人可以做得到的，但是，只要我们能有所意识，有所关注，通过较长时间的努力就肯定会有显著的效果。

在大学生中，很多同学的思维差别可能主要来自几个方面：一是思维方法的差异。二是思维习惯的差异，三是思维是否全面的差异，如果从这三个方面对个人的思维坚持长期的锻炼，其效果应该是可以预见的。

掌握正确的思维方法可以有效提高思维力。在多年的大学教学生涯中，我发现很多学生比较聪明，观察力和记忆力等智力因素很不错，但在进行解决问题和把握事物规律的思维方面，存在很大的困难。分析其原因，是思维方法方面存在一定的问题，造成思维较乱，逻辑不清，从而也就无法进行正确的思维活动。在我们的思维过程中，分析和综合、比较和归类、抽象与概括、归纳与演绎等是大脑中经常运用的思维方法，对这些思维方法的掌握和正确运用是进行有效思维的必要条件。很多学生思维不清，难以进行符合逻辑的判断，其根源主要是对这些方法的了解和掌握不够。因而，大学生应该补充全面的逻辑知识，如读一些形式逻辑学之类的书。这些本应是需要每一位学生都掌握的思维方法，但在我们的学校教育中却基本没有系统学习过。

养成思维习惯是提高思维力的一个重要途径，经常处于思维活动状态的大脑，思维的灵活性、深刻性和敏捷性等品质属性也必然会高，这就有利于思维活动的进行。有些同学遇到难题时常常会说“想得头痛”，这就是由于不常用脑，大脑不习惯于紧张的思维过程而产生的不适应反应。有的同学在学习的思维过程中，喜欢转化利用解题套路等一类对思维依赖性不强的做法，甚至最好是教师告诉了答案，自己背就行了，这就是没有养成思维的习惯所造成的结果。养成思维的习惯的唯一道路就是习惯于思考问题，无论走路坐车，都要常常思考问题，或者是思考学科学习上遇到的难题，或者是对即时遇到的现象进行思考，作出判断。一个勤于思考的人一定是一个聪明的人。

思考问题的全面性是应该注重的一个方面。有的同学在思考问题的时候，常常出现不周密不全面的情况。这里所说的不周密除了逻辑性方面的含义之外，主要是考虑的因素不全，容易有思维漏洞，挂一漏万。要克服这些问题，除了要多进行思维之外，还有两个途径可以帮助改进。一是在思考时不要急于作出判断，要缓一缓，想一想，看看自己的思维是否还有没有考虑到的地方，或者进行反向思考，即假设判断是对的，反过来推导这个逻辑判断的条件，再与原来的思考根据对比，看看是否与原来的依据一致，如果不一致，就很可能存在思维逻辑不对或者思维不周密的地方，然后就去发现这个不周密的原因，再进行更全面的思维。二是要经常进行反思，即对自己的思维过程进行反思，尤其是发现思维结论有问题的时候，对自己的思考问题的过程进行详细的解剖分析，多问自己一些问题，如“我为什么会这样想?”、“我为什么不这样思考呢?”等，发现自己思维上存在的不周密之处和产生不周密之处的可能原因，进行针对性的克服。

思维力是智力的重要因素，是人一生中能否成功实现自己的理想，体现自我价值的重要因素，提高思维力需要时间，需要努力，同时也需要智慧。在矫正个人思维力存在的问题时，思维力就会不断地提高，而思维力的逐步提高又会反过来帮助自己获得更有效的提高思维力的方法，从而使自己的思维力渐入佳境。

五、提高想象力的途径

想象力对人的生活和事业都具有很大的影响，文学艺术的一切成就都来源于想象，而在科学上所有的创造应该都与想象有关，想象力是创新力的核心。因而努力提高个人的想象力，应该成为我们在学习方面需要注重的一个自我成长的方向。

如何能提高自己的想象力呢？这就应该考虑影响想象力的因素，从而进行有目的的锻炼。

首先，培养自己广泛的兴趣和对周围事物的热情。始终要保持对周围事物的关注，投入热情，在一花一草一石一木之上，发挥想象，所谓“一花一世界，一叶一菩提”，这就是运用了想象的体会。对事物的兴趣和高度的热情不仅可以培养个人的想象力，而且对其他智力因素的发展也是很重要的，前面提过的记忆和观察等，与热情和兴趣都很有关系。

要努力扩展个人的知识面。想象与个人的知识有关，知识面越广，想象就会越丰富，因而多读书总是有利于想象力的发展的，但是应该记住的是，读书不能只读专业的书或者只是读自己专业相关的一些小领域的书。要扩展知识面，涉猎的书籍面就应该更广，除了专业需要之外，其他与专业无关的书也要多读，有广泛的阅读基础，有宽广的知识面，就能相应地提高个人的想象力。不仅仅是读书，其他一些能够扩展知识的东西如电视电影等，也尽可能地多看一些，特别是那些富于想象的动画片，更容易给人以广泛的想象。

努力提高自己的逻辑思维能力，逻辑思维能力的提高可以促进想象力的提高，主要体现在提高想象的现实性和生动性。想象是在已有的知识的基础上进行的想象，想象的空间很大，可以任由个人信马由缰地海阔天空地想，但是，这种海阔天空的想象并非可以脱离逻辑和规则的限制，不然你的想象就是胡思乱想了。比如，就最不受既有规则束缚的故事创作来说，你可以胡思乱想地编一个凶案的故事，刑警队长查到最后发现凶手原来是自己。很别出心裁，但却不能让人信服，因为太不合乎逻辑了。不过，如果你在故事里交代些诸如队长患间歇性失忆症之类的情节则又另当别论了，因为有了失忆，可能刑警队长忘记了自己是真正的凶手了，所以他努力去破案去追寻疑犯。这样，从逻辑上说是勉强可以接受的。另外，思维力好的人容易扩展想象，可以通过联想或者其他思维方法，帮助想象。

另一个提高想象力的途径就是经常进行想象锻炼了。古人云“三天不练手生，三天不念口生”，想象也一样，多想象就能善于想象。要经常进行想象，无论是坐车或者走路，都可以对周遭的一草一木之类进行想象，这就是想象练习。在读书时，要经常合上书本，进行一下想象，对小说故事，自己想象一下故事的发展，对专业研究，自己想象一下可能得到的结果。这样经常想象，对想象力的提高肯定是会有帮助的。最富于想象力的作家，年轻的时候也不一定是想象力丰富的人，只是随着写作过程的不断想象锻炼，其想象力越来越好。

一个人的想象力，与其个人的兴趣、爱好、知识面和思维能力等方面都相关，想通过一个尽快的速成过程就能显著提高自己的想象力的想法是太富于想象的，想象力的提高绝不是一朝一夕的事，但是，始终关注个人的各种智力因素和非智力因素的培养，持之以恒就一定能收到效果。

六、提高注意力的途径

对大多数大学生来说，他们在注意力方面的差异主要来自心理方面的因素，可以通过培养和自我控制调节来提高注意力品质，提高自己的学习和工作效果。

要提高注意力品质，提高学习的效果，首先要有正确的学习动机。动机决定动力，动机是人们做好工作和学习的基本动力，动机可以排除干扰保证行动的正确方向，正确的学习动机可以帮助提高注意力的指向性和集中性，从而可以提高注意力的品质。

第二，要保持强烈的好奇心。俄国伟大的心理学家巴甫洛夫说：“好奇是专注的第一要素。”正是好奇心和求知欲，使人类能够一步一步地了解物质世界，创造了人类的文明。从个人的角度来说，强烈的好奇心促生的求知欲是我们进行学习和研究的动力。在学习过程中，不要只对内容进行背书式的记忆，这样枯燥的做法很容易让人产生疲惫的情绪，不要把每一次学习当作完成作业来做，这种被人指挥着进行学习的感觉让人对学习内容感觉麻木，从而导致注意力难以集中。在学习的时候，要针对学习的内容多思考，寻找内容上的原理和缘由，多问自己一些为什么，这样，自己对学习的感觉是一种探究，而不是因为任务而需要完成的作业，对学习就容易产生兴趣。不断地寻找学习内容中的科学原理和相互联系，进行一种探求式的学习，会引导注意力的集中和稳定。

第三，要努力进行情绪的控制。首先是浮躁情绪，学习不能三心二意，不能见异思迁。不少学生学习时东翻翻西看看，胡乱把一本书看了几页，换一本书再翻几页，或者看一会书，再东张西望一会，再胡思乱想一会，习惯之后，会造成注意力的指向性和集中性差，缺少稳定性，久之必然会使自己的注意力品质恶化。

笔者曾经与一些学生谈过这样的问题，他们回答是因为一本书看一会就烦了，不得不换。实际上，在烦躁的时候放任自己烦躁，就是一种对自己不负责，至少是缺乏理性的表现。情绪烦躁会对注意力品质的指向性、集中性、稳定性和转移性都有影响。除了浮躁之外，其他情绪也都会影响注意力，这可以从注意力的转移性方面进行理解。在学习或工作时，杜绝其他与目前对象和内容无关的一切心绪活动，控制情绪，保证心清如水，才能有效地集中注意力。在中学学习的时候，每逢考试结束，班主任总会说“无论考得如何，都已经属于过去”，要求大家“从头开始”，实际上就是要控制考试所带来的情绪的影响，集中注意力进行新一轮的学习。如果考得好时沾沾自喜，考得不好时内心自卑，肯定会影响学习的效果。因而，利用个人的意志力控制情绪，是提高注意力品质的重要途径。

最后要说的是，注意力是智力素质的因素，就如其他智力因素的调节一样，适当的运动是很有利的，这是因为全身的运动，例如跑步等，可以促进体内的血液循环，从而可以增进大脑的含氧量，消除大脑的疲劳。此外，休息时适当听些节奏轻缓，流水行云式的音乐，对注意力品质的提高也有帮助。

第二十章 发展智力的个人体会

一、智力发展是学生时代的重要任务

从博雅教育的宗旨来看，大学教育的重点在于培养有理性有智慧有教养的公民，理性和智慧教育是教育的重点内容。我国大学培养的是社会主义事业的建设者和接班人，要做好建设者和接班人，发展个人的能力是很重要的，在人的各项能力中，学习能力是最重要的能力因素。联合国教科文组织 21 世纪教育委员会指出，21 世纪“唯一持久的优势，是有能力比你的竞争对手学习得更快”。

一个人的智力条件是学习的根本，因为智力是学习的执行系统，是学习的必要条件。前文曾经用驾驭汽车来形容影响学习的重要的智力和非智力因素，认为智力因素相当于汽车本身，只有性能良好的汽车，才能让优秀的驾驶技术发挥出最大的效益。因而，要更好更有效地学习，智力的基础条件是十分重要的，要学习得更好更有效，要做到事半功倍，付出的努力能收到良好的效果，就需要努力地发展我们的智力基础，发展我们的学习能力。

发展智力，是中学和大学时期最需要关注的内容，不过，大学时期应该是最有效地发展智力因素的时期。因为在经历了小学与中学的基础锻炼之后，我们已经有了一定的知识积累，也具有一定的理性和思维能力，具有了判断和评价方面的能力，而这些方面已为发展智力打下了定向和评价等方面所需要的基础，具有了一定的自我了解和自我发展的能力。

之所以说发展智力是大学时期的重要内容，还因为与我们在大学时期之前所接受的教育方式有关。可以说，进入大学之前，学生至少已经在学校接受过 12 年的正规教育，智力有了很大程度的开发。但是，由于在每一个阶段的教育目的的不同，中小学教育中升学成为最主要的动机，知识的教育成为升学教育的一个重要杠杆，而智力的发展基本就没有经过教育层面的考虑，至少没有经过认真的考虑。

我们都可以回忆，在大学之前的教育中，甚至是在进入大学的学习中，有没有教师系统地讲授如何发展智力？有没有人针对你的智力体系的方方面面进行过具体的指导和帮助？回答应该是没有的。这是我们的教育中最薄弱的环节，也是“高分低能”教育模式的原因之一，因为我们的学习多重在知识的吸取，而我们的智力没有得到过任何有计划的指导和发展，甚至基本被忽视。甚至连思维相关的一些知识，如演绎和归纳方法，虽然课堂上有所应用，但却没有特别的系统讲授和学习。

二、了解智力是智力发展的基础

运用前面的智力系统分析，我们可以对自己智力系统的智力因子（品质属性）有大体上的了解，了解自己的智力方面各种因素的长处和不足，了解自己特别应该发展的智力因子。经过这样的对个人的智力分析，我们的智力发展就有了方向和内容。

发展智力，要有针对性，即是要针对自己最薄弱的因子、最需要发展的因子，有计划地开展锻炼。这些相对薄弱的因子往往就是你智力水平的限制因子，由于限制因子的不足，影响了智力的整体水平。通过限制因子的改进，智力整体就会有一个大的改进。借助于木桶理论，如果所有智力因子是组成木桶的各个板块，那么这些限制因子就是其中最短的桶板，对这些桶板进行任何一点的加长，木桶的盛水量就会得到有效增加。

但是，这种针对也不是唯一的，应该特别注意一些有关智力整体发挥的重要的因子，如注意力中的指向性和集中性，因为这两个因子对所有智力因素的作用效果都有很大的影响。如果在你的智力分析中，这两个因子也是状况不良的话，应该先进行这个方面的锻炼。如果注意力的指向性差，就无法保证你的锻炼是否指向确定，容易漂移，难以达到效果。而注意力的集中性，则影响锻炼的效率。

三、注意力是智力发展的最重要的因素

就五个智力因素而言，注意力是应该优先发展的因素，因为它影响智力整体的水平和智力锻炼的效果。注意力涣散，做事情就肯定不会有太好的效果，智力指向不定，也就无法集中全部的知识和思维等因素来进行思考等活动，其效果一定不会很好。

就急功近利的现代社会而言，注意力因素大抵是人们普遍较差的智力因素，因为物欲过强，人心浮躁，生理的需要盖过理智和道德的思考，导致人们察言观色、投机取巧，以小聪明谋取钱权。而这样的谋取钱权是无须刻苦和专心就可以做到的，因而人的注意力大都比较涣散。我个人相信，以投机取巧代替个人奋斗来谋取利益，其成功只是一种投机过程，不存在必然的可能。即使获得利益，也不可能是长久的。而基于个人智力和能力的成功，才是真正的成功。

对大学生来说，如果希望发展智力，提高自己的能力，首先就应该发展注意力因素。实际上，注意力因素的提高应该在高中甚至初中阶段就可以进行。

注意力是所有智力因素发挥效能的保障，因为在所有智力因素发生作用的过程中，注意力都在参与，并发挥重要的调节和保障作用。比如记忆过程、观察过程和思维过程等，都需要注意力参与才能产生作用。没有注意力的高度参与，记忆肯定会造成信息记忆不准确和记忆信号维持时间短、容易遗忘等方面的问题。没有注意力的高度参与，观察过程肯定无法达到准确全面深入的

可能，因为在这个过程中，还需要大脑调动原来的许多信息进行分析和判断来辅助观察。

从注意力在智力因素作用过程中的参与作用来说，注意力可以作为智力作用的一个效果因子。用通俗的比喻来说，就是权重因子，或者说是折扣因子。换言之，如果你的除注意力外的其他智力因子的实际工作水平为100的话，如果注意力只有20%的集中程度，你的整体智力水平就降为20，如果你有80%的集中程度，整体智力水平达到80。当然，这只是一个简单的比喻，真正的情况可能要复杂得多，但这样的比喻可以帮助我们理解注意力在智力活动中的重要性。

改进注意力品质的第一个因子应该从注意力的指向性开始，因为这是注意的基本，集中注意力应该集中在自己所应该注意的对象之上，指向性不好，其他方面的特质就不可能实现，因为注意力因素中的其他品质属性如集中性、稳定性和转移性都是以指向性为基础的。

指向性的提高需要从努力让自己始终注意一个特别的对象开始，在这个过程中用主观因素去排除其他任何因素的干扰而保持自己对注意对象的注意。例如在上课听讲授的时候，集中听教师的讲授，只注意教师的讲课，对自己的同学或者教室外面所发生的事情，即使听到看到了，也不加以理会。原来注意力比较涣散的学生，这个过程可能需要一定的毅力去辅助，并且需要的时间可能会长一些，但是，经过一段不太长的时间，可能几个月，就会有明显的好转。

指向性得到改善之后，集中性也会有好转，实际上是你的指向性高，你的集中性也会随着增高，这是同步改善的。因为指向性是排除其他因素干扰而把注意力集中到一个特定的对象之上的，随着指向的唯一性增加，所有的注意就会随之集中到这一个注意的对象上来。

注意力的指向性和集中性改进之后，其稳定性和转移性也会随之好转，这两个因子其实与前面的两个因子依然是有很大关联性的。但是，注意力稳定性的提高较前面两个因子改善所需要时间可能更长，因为指向与集中具有时效性，即使注意力很好的人，经过较长时间之后，大脑也会产生疲劳，从而会影响注意力的指向和集中。因此，注意力保持稳定的时间，在较长的时间内，还是需要加以毅力控制才能做到。

四、其他智力因素的发展

在五个智力因素中，需要加以提高的第二个要点应该是记忆力，记忆力是智力的基础，只有丰富的知识积累，思维力和想象力才有信息来源。

在记忆力的四个品质属性中，记忆的正确性应该是首先要关注的。只有记忆的正确性，才能保证贮存信息的正确性，这些信息是思维和想象的原材料，如果材料的质量不高，思维和想象产品的质量也必然会受到影响。同样重要的品质属性就是记忆的备用性。因为备用性是保证记忆的信息容易忆起，被其他智力因素进行利用。记忆信息的迅速忆起，才能保证思维的敏捷性，贮存的信息才能迅速忆起，才会有思维的广阔性和想象的生动性。

对于记忆的正确性，在幼儿时期用材料的机械记忆来锻炼往往会有很好的效果，即是把一些无序的信息进行强记，有的人记忆圆周率记到小数点后面几百位数字，就是一种锻炼记忆正确性的方法。强记一段时间，记忆的正确性就会有所提高。但是就大学生来说，我们已经有相当程度的学识，可以在记忆过程中形成利用大脑中的相关信息来辅助记忆的习惯，可能会更有效地提高记忆的正确性。

记忆复述和细节回忆可以有效地提高记忆的正确性，同时也可以提高记忆的备用性品质。在平时的时间里，可以与同学朋友一起对一些共同经历的事情进行详细的回忆，或者一起看一本书，然后进行细节讲述，这样的过程对提高记忆的准确性和备用性都很有效。持之以恒，记忆力品质就能显著提高。

思维力是智力的核心，也是知识应用的出口，通过思维我们可以对事物作出分析和判断，提出结论和作出推测，这是知识应用的重要途径。没有思维，记忆的知识将成为死知识，就如一本字典一样，里面的文字应有尽有，但是你不能指望一本字典会成为一篇好文章。

就思维力本身来说，思维的逻辑性是很关键的因子。只有合乎逻辑的思维，才是正确的思维。对我们来说，学会思维，发展思维力，最重要的就是学习和掌握运用思维方法。

最早的思维方法，当以古希腊时期亚里士多德的《工具论》为代表。《工具论》主要论述了演绎法，为形式逻辑奠定了基础，这是人类思维方法发展的一个里程碑。欧几里得的几何学和阿基米德的静力学便是工具论的杰出体现和成果。文艺复兴时代，经验论者培根的《新工具》和理性论者笛卡儿的《论方法》的出版，为思维方法开辟了新的通道，这两部方法论巨著体现着现代科学方法的经验归纳和假设演绎，为现代科学的发展和人类的思维方法的发展提供了新的工具，为人类的思维方法的再拓展提供了新的平台。19 世纪英国逻辑学家穆勒在《逻辑体系》一书中提到的契合法、差异法、契合差异并用法、剩余法和共变法是近代逻辑方法发展的重要著作，也叫科学归纳法或“穆勒五法”。学习以上这些方法是我们提高思维逻辑性，提高个人的思维力水平的基础。

思维力的深刻性属性，是思维力的洞察力因素。我们在专业的学习过程中，往往习惯于从现象到现象，从原理到原理，或者从原理到现象和从现象到原理这样的习惯性的描述、归纳或者演绎思维过程。这样对学科知识的把握，往往是表面的，不深入的，或者说不够深刻。要取得学习的更好效果，要在专业领域取得更好的成就，就需要更深入的体会，这就需要思维的深刻性参与，在形成学科思维的基础上，进一步形成学科理念。学科理念——一个很抽象很多大学生难以理解和感受的词，但它确实对学习和知识应用有重大的影响，要建立学科理念，需要思维的深刻性来完成。

学科理念这个词很抽象，也难以用简单的词来描述，可以一般地理解为是学科本质层次的东西，但往往又超越一般规律的范畴。如果用老子的道来说，恐怕就是道的层次上的东西了，因为“道可道，非常道”，我也不敢做更多的陈述，因为难以准确言表。但是用心深入学习的人，会有所体会。2001 年，有一位同事对我说：“那些学科上有重要建树的大师们，确实具有学科方向上的 philosophy 层次的东西。”那时我也正在思考这些问题，于是我就对他说：“你说的这个，应该叫做学科理念！”他思考了一会，回答说：“确实，就应该是学科理念。”

找找词典，我们可以查到，与理念相似意义的词有思想和观念等词，它们都指人们对客观存在的理性认识，指客观存在在脑中的主观反映。它们的区别就在于着眼点的层次不同。理念主要是对事实的最基本的抽象和概括，是最基本的意识形态，是思想的最高哲学层次。思想是指人们经过探索的产物，具有较系统的理论体系，但是其抽象层次应该比理念要低。观念则常指对事物的某种看法，不一定有系统的理论，其抽象的层次在三者中最低。对学习对象或者学习整体产生抽象理念，是只有在思维的深刻性达到较高的程度后才能具有的效果。

不可否认，这样的状态是只有部分人才能达到的层次，甚至只是小部分人才能达到的层次。王国维先生曾说，大师们读书眼力“直透纸背”，说的就是一种洞察力。我想能够直透纸背的，应该不是眼力，而是思维的深刻性所致，这是思维的洞察力因素。一旦到达这个层次，学习就不再是困难的事。然而，这需要用心体会才能有所感悟。

五、提高智力要持之以恒

智力的锻炼和提高是一个需要付出精力和时间的事情，不可能一蹴而就，要做持久的坚持。这种改进是逐步渐进的，其效果会随着薄弱因子的提高显现出来。

中学和大学时期，发展智力是重要的素质发展内容，也是提高学习效率和学习效果的重要条件。提高智力要有恒心，坚持不懈，这是关乎一生事业的大事，其效果不仅仅只是在学习上。

持之以恒，有针对地锻炼相关的智力因子，就一定能够提高自己智力的整体水平，让自己成为一个聪明的人。

要有信心，要相信别人能做到的，我们也一定能做到。

参考文献

1. 章永生. 教育心理学. 石家庄：河北教育出版社，1999.

2. 林格. 我要做个优等生：思维特训教程. 北京：新世界出版社，2005.

3. 燕国材，马家乐. 非智力因素与学校教育. 西安：陕西人民教育出版社，1992.

4. 王远库. 关于个体记忆增长与记忆遗忘的数学模型. 榆林学院学报，2007，17（4）.

5. 金卫雄，朱同富. 影响观察力的因素探议. 连云港师范高等专科学校学报，2003（1）.

6. 记忆力训练方法. http：//www. read. org. cn/html/24 - memory - training - methods. html.

7. 26 个记忆方法. http：//www. xxff100. com/jyff/ShowArticle. asp？ArticleID = 1646.

8. 怎样培养观察力. http：//hi. baidu. com/glory001/blog/item/6e2dbcb7390640f730add133. html.